ESSAIS SUR L'ÉMOTION MUSICALE

I. — La Religion d[...]

II

LES HÉROS
DE
L'ORCHESTRE

PAR

CAMILLE MAUCLAIR

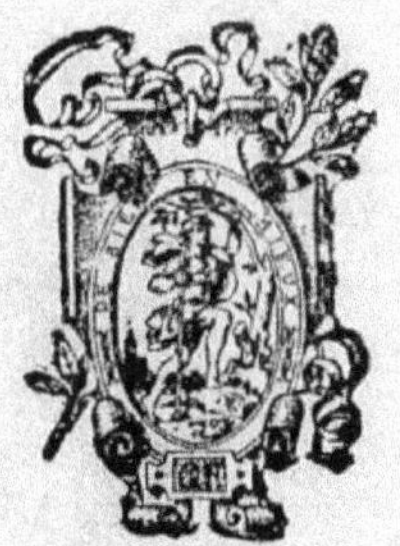

PARIS
LIBRAIRIE FISCHBACHER
Société anonyme
33, RUE DE SEINE, 33

1919
(Tous droits réservés)

LES HÉROS

DE L'ORCHESTRE

ESSAIS CRITIQUES
DU MÊME AUTEUR

ART ANCIEN

La Peinture italienne du XIIe au XIXe siècles. — Florence : l'art, l'histoire, la cité. — Histoire de la Miniature du XIIe au XIXe siècles. — Fragonard. — Greuze et son temps.

ART MODERNE

L'Art en silence. — De Watteau à Whistler. — Trois Crises de l'Art actuel. — Idées vivantes. — Histoire de l'Impressionnisme. — La Beauté des Formes. — Rodin. — Besnard. — Puvis de Chavannes. — Baudelaire. — Laforgue. — Schumann. — La Religion de la Musique. — Histoire de la Musique Européenne, de 1850 à 1914.

ESSAIS SUR L'ÉMOTION MUSICALE

I. — LA RELIGION DE LA MUSIQUE

II

LES HÉROS
DE
L'ORCHESTRE

PAR

CAMILLE MAUCLAIR

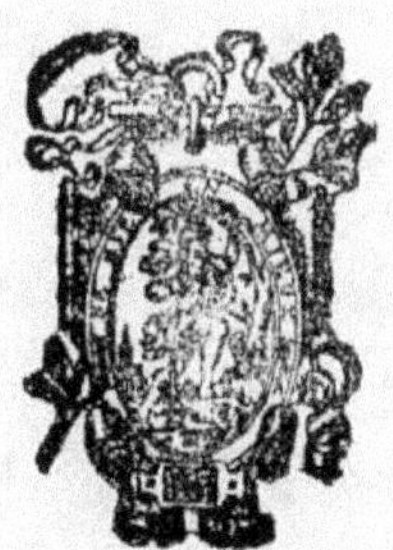

PARIS
LIBRAIRIE FISCHBACHER
Société anonyme
33, RUE DE SEINE, 33

1919

A

M. PAUL FOURNIER

SINCÈRE AMI DE L'ART FRANÇAIS

Je dédie ces pages

C. M.

PRÉFACE

Ce livre d'un fidèle de la Religion de la Musique évoque des émotions de jeunesse, des figures de jadis, des songes, des hypothèses sur les grands musiciens morts et sur les confins indiscernables qui séparent, autant qu'ils les unissent, le chant des notes du chant des paroles.

Je donne ces pages, comme j'en offris d'autres jadis, à ceux qui aiment la musique pour le bien qu'elle leur a fait.

Mais, entre ces années et l'heure présente, il y a eu d'immenses douleurs pour nous tous, et nous ne sommes plus tout à fait nous-mêmes. Certaines de ces pages ont vieilli comme celui qui les a écrites. Il est des musiciens dont on nous a interdit l'audition et l'amour. Le fracas du canon a effrayé notre Fée. Il nous semble que certaines idées et certaines œuvres sont infiniment éloignées, que l'opacité de l'oubli s'est accrue entre nous et des morts que nous chérissions.

Nous nous réunissons, par une invincible habitude, au seuil du concert après la tempête, comme autrefois lorsque nous y venions chercher tiédeur et extase sous l'averse et la neige des hivers. Mais nous nous reconnaissons avec une hésitation mélancolique. Nous venons demander à la musique plus et autre chose, n'est-ce pas, voisins de promenoirs et de stalles, mes amis inconnus?

Que ce livre, alimenté par la passion qui nous est commune, vous plaise encore. Reportez-vous, pour le lire, au temps où nous étions heureux, où nous ne croyions pas que la grande horreur surviendrait jamais. Et si vous retrouvez ici des êtres qui nous ont quittés, mêlez à mon évocation votre fidélité mémoriale, posons ensemble cet hommage sur les tombes de ceux qui nous enchantèrent.

FIGURES

EN ÉCOUTANT LA « NEUVIÈME »

Il y a des heures lourdes : il y a des moments où on ne sait plus, et où le jeu dangereux de penser et de sentir crée, pour la conscience et l'esprit, de brusques représailles, de grands malaises, la perte du sentiment de toutes les proportions intellectuelles.... A ces heures-là, où qu'on donne la *Neuvième*, j'y vais, comme au médecin le malade. J'ai connu maintes fois ces défaillances : les auditions de la *Neuvième* ont daté dans ma vie des cures d'altitude. J'étouffais en bas, alors je suis monté : et là-haut tout est clarté, santé — et on redescend meilleur et plus fort. Ces jours-ci, j'y suis retourné....

La *Messe* en *ré* et la *Neuvième* sont, dans toute l'œuvre de Beethoven, les deux conflits de son génie avec l'Immensurable. Dans l'une il a dit Sa religion et dans l'autre Son rêve social. Le reste est musique, et la plus belle des musiques, mais ces deux monuments cyclopéens restent exceptionnels. Nous ne les appellerons pas des chefs-d'œuvre, tant qu'à ce mot s'attachera pour nous l'idée de perfection, qui est aussi restrictive que louangeuse : non, il n'y a pas là de perfection au vrai sens du mot, c'est-à-dire que ni la *Messe* en *ré* ni la *Neuvième* ne sauraient être entièrement *parfaites*, *faites jusqu'à l'achèvement*. Un Titan est sorti de l'humanité pour faire un pas de plus vers l'Enigme extraordinaire, infinie, indéfinie et illimitée : cela se passe au delà de la région des chefs-d'œuvre humains, la clôture naturelle est brisée, il s'agit de quelque chose d'autrement grand et urgent que les chefs-d'œuvre. Beethoven, partout ailleurs, a rempli les conditions du chef-d'œuvre tel que nous le concevons : ici, la substance est impeccable et merveilleuse aussi, mais tout s'élève au Démesuré, tout va au delà de l'Harmonie, tout se crispe terriblement vers la région où le chef-d'œuvre humain n'ose prétendre. De telles tentatives sont d'avance vaincues, c'est cette défaite qui est leur gloire. La *Messe* en *ré* et la *Neuvième* sont, dans l'histoire du monde intellectuel, des efforts désespérés et uniques pour aller encore plus loin que l'art et que l'âme. Comment seraient-il *finis*, s'étant situés en plein infini ?

Que la *Neuvième* soit toute la synthèse de Beethoven, c'est ce dont on ne peut douter, non seulement au point de vue artistique, qui est secondaire et quasi mesquin en parlant d'un tel être, mais au point de vue de sa conscience. Il l'a toujours méditée : il y a affirmé la forme suprême que la religion avait pu prendre en lui depuis la *Messe* en *ré*. Jamais mieux qu'en elle il n'a révélé ces sursauts inouïs qui sont les signes de sa volonté convulsive, comme certains raccourcis de Michel-Ange, lorsqu'il interrompt brusquement la tempête orchestrale avec la violence d'un Neptune ramassant en son poing toutes les rênes des chevaux de la mer ; c'est le *Quos ego !* d'un dieu farouche, et l'attelage écumant se cabre, se hérisse, reste figé dans un suspens, attendant l'ordre nouveau de son maître. Ces arrêts, Beethoven seul les a osés, et ici plus que nulle part.

Jamais non plus il n'a, à un tel degré, rendu visibles à celui qui *regarde* son orchestre les circulations affolées du sang musical dans ce cœur sonore. On entend sans cesse son halètement colossal ; l'orchestre, c'est sa large poitrine qui respire et s'efforce sous le poids du secret près de jaillir. En de longues expirations, au moment où le fardeau est soulevé, s'épand le souffle divin, par des développements mélodiques tout rayonnants de bonté, de tendresse et d'amour. Mais bientôt le bloc est redevenu plus pesant que jamais, et le grand râle titanesque recommence dans la sombre région des violoncelles et des basses. Alternatives prodigieuses du combat entre l'homme et l'inexprimable ! A mesure que se déroule la *Neuvième*, le vrai sujet est la lutte de Jacob avec l'Ange. Et vous rappelez-vous, dans Baudelaire, cet ange furieux qui fond du ciel comme un aigle, et saisit à pleins poings les cheveux du réprouvé pour le forcer à croire, à prier, à être pur ? La volonté de Beethoven fondant sur l'orchestre et le saisissant à pleins poings, le disloquant, le cabrant, le soulevant dans le vide d'un incroyable silence subit, c'est ce geste-là qu'elle fait.

Les musiciens peuvent dire que Beethoven, compositeur, a hésité longtemps à introduire les voix dans la dernière partie de son œuvre, qu'il les a préparées à l'orchestre, et que cette hésitation elle-même, comme s'il s'excusait de violenter un genre, lui a donné le motif de toutes sortes de préliminaires dont l'art est merveilleux. Que m'importe s'ils ont raison, et si

lui-même, musicien, l'a cru? J'entends une foule en
marche depuis l'appel mystérieux des premières notes
de la première partie. Est-ce que lui, Beethoven,
avait besoin de s'excuser? Est-ce que les genres, les
pauvres genres, étaient faits pour autre chose que
servir d'argile à ce pétrisseur gigantesque? Allons
donc! Il a hésité, oui, parce qu'il avait peur du bond
effrayant qu'il avait décidé de faire, et ce bond devait
être fait pourtant, car la foule en marche à travers
l'œuvre acculait inexorablement Beethoven, et cette
foule cheminait depuis toujours dans ses songes :
c'était la foule des obsèques solennelles et des jeux
funèbres de l'*Eroïca*, la foule rustique de la *Pasto-
rale*, la foule imploratrice de la *Messe* en *ré*. Qu'est-ce
que la crainte de violer une règle technique, un usage
professionnel, auprès de cette énorme pression
humaine refoulant le titan épouvanté mais résolu?

Toute la *Neuvième* est une tragédie : la *Neuvième*
est, non pas une symphonie, mais une des expressions les plus sublimes du théâtre depuis *Coriolan* et
Jules César. On voit les décors de grandes plaines,
on voit l'humanité surgissante : la *Neuvième* est le
carrefour où toutes les foules beethoveniennes ont
pris avec leur évocateur le rendez-vous suprême,
comme tous les héros de Michel-Ange ont pris avec
lui rendez-vous sur les murs de la Sixtine. Les trois
premières parties de la *Neuvième* ne sont que les
convocations de ces masses dont le *scherzo*, par le
frappement initial de son tambour, exprime le surgis-
sement confus, s'organisant dans le trouble et la
pénombre : spectres qui deviennent réalités vivantes,
rêves qui prennent corps, société qui s'ordonne diffi-

cultueusement. Ici il ne s'agit pas de prier, comme dans la *Messe* en *ré* : il s'agit du consentement des hommes à construire eux-mêmes le bonheur, et c'est une Babel qui s'édifie, et un bourdonnement discord. Cela va ainsi durant deux actes, jusqu'au moment où le repos s'atteste, où le soir tombe sur le sommeil de la foule, et où, dans la troisième partie, commence à s'élever, apaisante, adorablement pure, la caressante grande phrase en *ré majeur*, la phrase-promesse de l'amour.

Le quatrième acte se passe sur la place publique : elles sont réunies, toutes les foules de Beethoven, elles savent qu'une chose inoubliable va s'accomplir. Mais laquelle? Le musicien prédestiné, le pasteur des âmes, le thaumaturge, est au milieu d'elles : que leur voulait-il, et pourquoi les a-t-il suscitées de ses autres symphonies? Il a peur, il hésite, on attend. Et chacun parle de ses peines, et du doux rêve de la nuit précédente, et l'on est au clair matin d'un Jour exceptionnel. Tous sentent qu'il faudrait parler, mais qui donc osera dire ce que les autres ont dans le cœur? Alors, il y a un mutisme total — et puis voici que, très loin, de bien loin, d'un au-delà bien plus lointain encore que celui d'où surgirent toutes ces légions en marche, on entend venir la parole ineffable de la Joie, chantant bas d'abord : elle descend d'étage en étage, des basses aux altos, aux bois, puis au quatuor. Dans l'assemblée orchestrale, qui prend ici tout son sens symbolique, la Parole se lève et se dirige vers le chef qui la convoque de sa baguette comme, en un Parlement, quelqu'un qui descend les gradins pour gagner la tribune. La Joie veut parler : la voilà, elle est simple, elle est plébéienne, elle est animée d'un rythme de lied ou de choral, elle est une Victoire vivante, et la danse de Sophocle après Salamine devait être aussi simple que cela ! Sa magie enivre, à chaque pas elle s'enrichit d'un nouveau feston d'âmes en rumeur, tout s'enfle, s'épanouit, éclate, se dilate et s'extasie — mais personne ne parle encore, jusqu'au moment où Beethoven l'a décidé.

La seconde où, par son ordre, un seul se lève et prononce : « Amis ! nos chants sont tristes : à présent il nous faut célébrer la Joie ! » et où répond le cri de la foule, c'est la seconde la plus sublime de son œuvre avec celle où, dans la *Messe* en *ré*, du sein des ténèbres de la mise au tombeau, jaillit dans un hurlement le *Resurrexit !* des fidèles. De telles secondes sont isolées dans l'histoire universelle de la musique et de la poésie. Aussitôt nous sommes étreints dans la danse frénétique de cette immense armée qui fraternise, et commence, tandis que le *Credo* de la nouvelle croyance est fermement promulgué par un impeccable quatuor vocal, la ronde énorme de l'Allégresse. Mais le *Resurrexit* de la *Messe* en *ré* est brutal : l'appel de l'homme seul, dans la *Neuvième*, c'est l'autorité sereine d'un voyant, d'un prophète contemplant la déroute définitive de la Douleur. Toute l'œuvre de Beethoven est venue aboutir là : ce voyant, ce prophète, ce n'est même plus un prêtre, c'est l'Homme, simplement, l'Homme intégral, l'Homme entré en possession de la nature et maître du domaine mortel.

Il n'y a jamais eu, il ne saurait y avoir qu'une *Internationale* : ce n'est pas l'ineptie que vous savez, c'est le choral de la Joie dans la *Neuvième*. En réalité, la *Neuvième* s'achève un beau matin : et la journée que ce matin avait précédée reste toujours ouverte. La *Neuvième*, testament inimitable, constitue le modèle d'une fusion du théâtre et de la symphonie que personne, pas même Wagner, n'a encore tentée. C'est la musique pour la foule, faite par la foule. C'est la musique des assises universelles. Par Beethoven la foule est montée sur le théâtre comme à une tribune plus vaste, comme dans une nef plus large encore que celle où se déroulait la *Messe* en *ré*. Il y a quatre-vingt-dix ans que la *Neuvième* a été révélée — et elle n'a pas encore été absolument comprise, au point de vue de la composition, dans sa leçon démocratique, sauf peut-être par Mahler et par Moussorgsky. C'est, musicalement, la Bataille des Nations : mais il s'y agit moins de musique que d'un Acte Humain, duquel Gœthe eût aussi pu dire que datait une ère nouvelle dans l'histoire du monde.

Il semble que depuis cet acte la musique ait rétrogradé, qu'elle ait perdu son temps à n'être qu'un art, au lieu de se reconnaître ce qu'elle est : un Elément. Cette foule, que Beethoven avait convoquée et tenue dans son poing crispé comme il y rassemblait son terrible orchestre, cette foule est dispersée, amusée des joliesses d'écriture, des légendes wagnériennes ou des fables de l'opéra, ou des impiétés de la musique gaie — car il y a une musique *gaie*, ô toi, Ode à la Joie, grande Profanée ! Le théâtre ouvert à cette foule est demeuré vacant. C'est à peine si depuis quelques années s'est reformé un public des concerts, le public des fidèles du Temple, le public de la célébration du culte musical. Les groupes se refont, on commence à réentendre la rumeur des légions en marche, à l'autre bout d'un siècle : et peut-être, lorsque de nouveau seront rassemblées les masses inquiètes et haletantes, se lèvera un homme pour prononcer une fois encore : « Amis, nos chants sont tristes.... » On comprendra alors tout ce que peut et doit être le rôle social de cette dernière religion, ce que peut ce Fluide épars qui persuade et unit les âmes sans le concours de la raison — et on comprendra tout à fait pourquoi Beethoven ne fut pas un musicien, mais le Héros de la conscience moderne.

Nous restons écrasés, en attendant, devant la *Neuvième*. Nous avons connu des orchestrations plus puissantes par les moyens et les armes forgées : aucune œuvre pourtant ne nous stupéfie à ce point. Physiquement, elle est presque insoutenable : c'est le déchaînement d'une révolution. C'est la clarté, la santé, la force rythmique, sans un seul appel à la nervosité, comme l'art de Michel-Ange : mais c'est précisément cette plénitude du génie sain qui nous atterre, et il n'y a pas d'anarchisme dont l'explosion égale la violence merveilleuse de cet immense cri d'une âme libérée, étincelante et projetée comme la foudre. Un cri a été proféré selon lequel tous les peuples du monde pourraient et devraient marcher dans une sanglotante effusion de délivrance! Dans la *Messe* en *ré* tout est encore subordonné à la foi dogmatique : mais les foules de la *Neuvième* sont prêtes à se mettre joyeusement au travail pour bâtir la Cité future où chacun sera juge de son Dieu. S'il n'y avait dans la *Neuvième* que de la musique, elle s'égalerait aux plus imposants orchestres, aux vigueurs de Berlioz, de Wagner, de Strauss : mais nous n'aurions pas cette impression de phénomène cosmique incomparable, de paroxysme dynamique exceptionnel. Il y a toute une vision sociale, toute une philosophie, toute l'âme d'un Génie de la liberté s'étant servi de l'orchestre comme d'un élément. Dire que la *Neuvième* n'est que de la musique équivaudrait à dire que l'ange embouchant le clairon du Jugement dernier ne songera qu'à jouer de la trompette ! La sonorité, ici, n'est qu'un moyen, c'est à la conscience de l'humanité, et à son sens auditif, que la *Neuvième* s'adresse.

C'est pourquoi elle est une date. Il y a eu le monde avant et le monde après la *Neuvième* : elle semble clore l'épopée beethovenienne, alors qu'en réalité elle ouvre un univers nouveau. Et tandis qu'un Wagner croyant ouvrir une ère s'est enseveli dans ses chefs-d'œuvre, la porte ouverte par Beethoven s'ouvrira de plus en plus largement. Les foules de la *Neuvième*, en marche vers l'avenir, y défilent selon le rythme qu'il a voulu. On a dit durant des siècles qu'il fallait une religion pour le peuple. Depuis Beethoven une vérité inconnue s'est révélée : il faut une musique pour le peuple. Il faut, aux milliers et aux millions, de solennels Champs de Mai où la sensibilité collective se synthétisera dans l'Ode orchestrale, messe conciliatrice de tous les idéaux. Alors la musique sera vraiment la Voix magnétique de l'Universel.

C'est cela qu'il nous a dit, lui, le Prédestiné. Ah ! notre pauvre petit art de nuances, nos petits scrupules actuels, auprès de Cela ! Comment osons-nous encore.... Pâle, en proie au frisson, j'ai écouté, une fois de plus, cette œuvre où bruit depuis un siècle la rumeur de l'avenir qui s'ébranle, cette œuvre qui, lorsqu'on l'entend, nous fait de moins en moins ajouter d'importance à la mort, car elle nous entraîne déjà avec elle dans le radieux miracle de la Résurrection....

SUR LA MESSE EN RÉ MAJEUR

(BEETHOVEN ET MICHEL-ANGE)

C'est une cathédrale : mais on n'y entre point par
une porte largement ouverte. On y pénètre, comme
dans la chapelle Sixtine, par une petite porte, et dans
la pénombre on ne distingue que vaguement d'abord
l'image d'une foule en prière dont on ne saurait
décider, tant elle est expressive mais immobile, si elle
est vivante ou peinte. Brusquement, à la Sixtine, on
aperçoit la convulsion gigantesque du *Jugement dernier*, tout au fond de la nef étroite et longue : et ainsi
cette gesticulation semble s'arcbouter aux murailles
pour les disloquer et se ruer au dehors, et on comprend
qu'un drame s'accomplit. Ce n'est pas autrement
qu'au péristyle obscur de la *Messe* en *ré* un seul cri,
lancé par le chœur : « Kyrie ! », dénonce la supplication
d'un peuple en attente de son dieu : l'appel jeté, plus
rien, sinon, sous les voûtes, une plainte du ténor, une
plainte de l'alto — et, seulement après un silence bref
et extraordinaire, la foule commence à exposer au
Christ ce qu'elle espère de lui, avec une grande douceur lente. Ainsi, dans la chapelle papale, les fresques
des Primitifs qui ornent les bas-côtés et y réunissent
une multitude animée mais reposée et délicate ne sem-

blent point reliées au plafond hérissé de prophètes, ni au mur terrible où le Christ invoqué fait le geste qui rejette et foudroie.

Pour que la liaison s'établisse entre le dieu et les suppliants, dans la *Messe* en *ré*, il faut qu'intervienne le *Gloria* et sa fanfare. Dès lors, nous sommes en plein milieu de la nef et de la tragédie, et nous allons assister à cet étrange débat où le peuple, en présence du redoutable mutisme de la divinité, recommence éternellement l'histoire de leurs rapports, des pactes consentis, des promesses échangées, et parle, et réclame, et tente de séduire : cette transaction, qui est tout le drame catholique et qui se résume dans l'échange du péché et de l'hostie, se conclut par la messe, comme jadis dans la basilique païenne, dont la première forme fut un marché couvert. Peu à peu, la simple colonnade soutenant un toit se ferma complètement pour que pût se discuter à l'abri des intempéries et des curieux l'affaire du peuple et de son créateur — et nous avons de ceci une image moderne et grossière qui est la Bourse, au péristyle de laquelle la foule, adoratrice de Mammon, clame son *Gloria* dérisoire avec des hurlements de corybantes ou d'Aïssaouas, tandis que l'idole, l'or, reste invisible audedans de la colonnade et du mur. Cette parodie, ignoble, certes, n'en est pas moins le modèle de la transaction des âmes dans la nef. La foi de Beethoven, très libérée de la lettre et du dogme, n'a pas craint de préciser cet aspect réaliste : et il en résulte une œuvre qui ne ressemble à aucune autre, et dont l'impression d'ensemble est monstrueuse au sens propre du terme, comme celle de Michel-Ange.

Le *Jugement dernier* et la *Messe* en *ré* ne sauraient se séparer, parce que l'un et l'autre marquent les limites suprêmes de la licence que le génie peut prendre avec un idéal dogmatique. Le *Jugement* n'est pas seulement le témoignage de l'agonie merveilleuse d'une âme désespérée emportant avec elle, dans le même tournoiement et la même torture, la forme et la couleur, et ne pouvant se survivre que dans un monde livide et démesuré. C'est une œuvre faite, sur la demande des papes, pour effrayer l'hérésie luthérienne et lui jeter le défi de l'Eglise ; mais c'est aussi l'expression presque luthérienne d'une conscience farouche qui maudit, autant que le schisme, l'indignité papale qui le rendit possible. En plein cœur de Rome, un luthérien peut contempler le *Jugement* et penser que cette page effroyable lui donne raison ; et peut-être a-t-il, plus que le prêtre orthodoxe, le droit de s'en autoriser. Si le bras levé du Christ du *Jugement* précipite l'hérésie dans l'enfer, la mauvaise Eglise simoniaque de la Renaissance n'y croule pas moins : et la désespérance de Michel-Ange est née précisément de cette certitude. Son œuvre est un démenti de la double honte. La *Messe* en *ré* n'est pas moins étrangère à la gloire de l'orthodoxie et demeure, pareillement, un monument isolé et exceptionnel bâti par un douloureux surhumain. Ni le vieillard de la Sixtine, ni l'homme qui le réincarna n'ont pris souci d'être liturgiques. Les formes et le coloris michelangesques ont scandalisé les papes : la *Messe* est incapable de trouver place dans une église, elle est elle-même une église, et une liberté flamboyante erre sous ses arceaux.

Dès le *Credo,* cette liberté s'atteste par l'abandon

résolu des formes symphoniques, par un bouleversement de l'architecture prévue. L'artiste croyant s'em-
pare du texte et l'interprète mot à mot avec un achar-
nement extraordinaire dans la volonté de préciser sa
vision, et avec un emploi constant de l'harmonie imi-
tative. La polyrythmie intervient ici avec une telle force
que tout semble improvisé dans le délire : et Beethoven,
en effet, dit-on, délirait en composant ce *Credo*. C'est
l'art du lied tel que le comprendra Schumann plus
tard, l'expression de chaque syllabe par un dessin
musical, la récitation secondée par le halètement, et
alors se substitue nettement au style de l'oratorio la
volonté expresse du drame. On arrive, au cours de ce
prodigieux commentaire, aux cruelles évocations de
la mise en croix. Les voix descendent, descendent, et
l'orchestre se dirige vers le néant, avec de lourdes et
graves attitudes rythmiques. L'homme et les instruments parlent tout bas dans la terreur ; le coloris musical revêt ces teintes sulfureuses, grises, innommées,
qui s'amoncellent dans les firmaments de Tintoret,
du Greco et de Delacroix.... La mise au tombeau
s'accomplit, un accablement indicible consterne
l'orchestre étouffé, puis plus rien....

Quel cri, alors, s'élève ! Ce n'est plus l'appel initial du
Kyrie, cela n'a plus rien de religieux. *Et resurrexit* !
C'est une clameur sauvage de ténors, un amour divin
qui ressemble à une rage barbare, un hurlement de
pleureuses voyant tout à coup ressusciter Adonis ! Et,
se relevant d'un seul sursaut furieux, la foule se met à
crier à son tour, et s'ameute, avec une vivacité, une brusquerie, un bariolage de rythmes, un désordre qui ont
déjà l'audace de Moussorgsky agitant les foules de

Boris Godounow. Tout l'effort symphonique et choral remonte des profondeurs et se jette éperdument vers le ciel pour annoncer l'Ascension. Il y a un moment sublime où l'œuvre reste suspendu dans le vide puis, oubliant toute pesanteur, se met à planer, comme les lourdes grappes humaines du *Jugement dernier*, montant vers le ciel qui leur est ouvert, croisent les grappes de damnés qui tombent. Cette seconde est une des plus révélatrices du génie convulsif de Beethoven, avec celle où, dans la *IXe Symphonie*, la foule paysanne, et jusqu'aux bêtes qu'elle possède, commencent à chanter en chœur vulgaire et brutal, ivre de grosse joie, à pleine lippée, l'hymne à la liberté. C'est le même tragique beethovénien, inimitable et hors de toute esthétique, ce tragique dont le désordre titanesque n'a d'analogues que la *Pieta* du palais Rondanini à Rome, celle de Sainte-Marie-de-la-Fleur à Florence, ou le torse hors nature de la *Nuit* à la chapelle des Médicis : tragique dont le défaut même est une condition, n'étant que le signe d'un esprit jeté hors de soi et des nécessités normales et devenu familier de la disproportion. Mais il n'y a sur terre, au-dessus des créateurs de perfection, que des vaticinateurs enivrés du divin, comme Beethoven ou Michel-Ange, pour nous faire pressentir le sens extatique de telles disproportions et, derrière le vraisemblable, dans lequel nous ne saurions vivre, la rumeur formidable du chaos !

A partir de cette minute la composition de la *Messe* en *ré* s'élance dans une sorte de folle et sublime dérivation, et l'œuvre semble errer aveuglément dans l'intérieur de la mort, cherchant le dieu qui s'y est tapi et l'appelant par toutes les voix impérieuses et héroïques du *Sanctus*, jusqu'à ce qu'enfin l'Etre, forcé de se révéler par la puissance magnétique de la conjuration, se décide à se susciter lui-même au sein de l'obscurité. Il glisse sur le fil d'or tendu qu'est le *sol* aigu, strident, lumineux et souple du violon solo : la Colombe de l'Esprit apparaît comme, dans la nef de Sainte-Marie-de-la-Fleur, le samedi saint, au moment du *Gloria*, la fusée en forme d'oiseau s'allume et traverse tout l'édifice au-dessus de la foule en prière. Cet envol sacré est d'ailleurs le dernier symbole de la *Messe* : l'oiseau de feu n'y survient que pour illuminer la conscience elle-même de Beethoven. Durant la pure et sombre mélodie qui se lamente sous l'archet et palpite comme les ailes de l'esprit descendu du zénith, l'artiste se recueille et achève de se substituer à l'allusion liturgique. Il va prononcer, dans l'*Agnus* « sa prière pour la paix intérieure et extérieure ». Il y affirmera un rêve d'un mysticisme purement individuel, il y accomplira son schisme, en proclamant sa haine de la guerre, sa dilection ardente pour la fraternité universelle, toutes ses volontés de prophète et d'apôtre s'étant construit un monde. L'œuvre s'achève, après une frénésie de prières, dans l'épuisement extasié du génie libre, loin de toute religion : la *Messe* en *ré* est un piédestal dont la statue divine a été finalement changée. Elle abandonne progressivement la religion dont elle prit prétexte, et c'est en drame de conscience qu'il faut l'envisager.

Il n'en va pas autrement de la sculpture et de la peinture démesurées, disloquées et terribles de Michel-Ange, qui ne sont qu'une immense dramaturgie. La

Messe en *ré* et la IXe *Symphonie* recommencent, au
début du xixe siècle, l'essai de la tragédie morale et
sociale de la Sixtine, mais elles y ajoutent un élément
nouveau. Il m'apparaît que si Michel-Ange n'a été
que parodié par la Renaissance qui croulait autour de
lui et devenait, dès le lendemain de sa mort, la plus
répugnante dégénérescence, Beethoven, dans sa doctrine essentielle, en sa symbolique, n'a guère été compris que par Liszt, et reste encore à déchiffrer pour la
foule des musiciens. La perfection merveilleuse de ses
sonates et de ses symphonies a donné le change :
c'est dans l'outrance, le vacillement et la colossale
anxiété de la IXe et de la *Messe* qu'il faudrait chercher
la leçon et le testament de cet homme ; c'est dans cette
tentative titanesque qu'il faudrait l'aimer davantage
et le juger plus grand. C'est là que ce Jacob fut en
lutte avec l'Ange.

Il n'y a pas de plus beau spectacle au monde que
ces défaites du génie ayant dédaigné de rester sur le
plan de la perfection, et préféré lutter directement
avec l'impossible et l'indicible. La *Messe* en *ré* est la
tragédie de Beethoven construite sur les données de
la tragédie du Christ. Michel-Ange a eu aussi ce qu'il
appelait sa « tragédie du tombeau » c'est-à-dire l'échec
du monument de Jules II. Il en reste les *Esclaves*, le
Moïse, le *Génie victorieux*, les figures éparses à
Saint-Pierre-ès-Liens, au Louvre et à Florence — et
jamais l'ensemble achevé ne nous eût donné cette
émotion immortelle, cette qualité toute spéciale de
l'angoisse et du sublime, qui naissent de ces tentatives désespérées contre la jalousie taciturne du
destin. Celui-là seul dont l'âme peut concevoir que

l'honneur de l'humanité pensante est dans certaines questions jetées à l'inconnu sans peur de son affreux silence, bien plus que dans la réussite de ce qui est possible, celui-là seul pourra mesurer la valeur inappréciable de ce splendide échec qu'est la *Messe* en *ré*, défi auquel Dieu n'a pas encore voulu répondre, sinon peut-être dans les régions d'où l'écho des dialogues entre lui et les Titans ne saurait parvenir à nos oreilles mortelles....

EN MARGE DE J.-S. BACH

Il m'est échu cette bonne fortune, assez rare, d'atteindre l'âge de dix-huit ans ayant entendu constamment de la musique classique et ne soupçonnant point qu'il en pût exister une autre. Parmi quelques mélomanes, parents ou amis intimes, fervents de la musique de chambre, j'ai été si bien habitué à Bach, Beethoven, Haydn, Gluck ou Rameau, que je ne concevais pas que l'art des sons pût être employé à des fins différentes. C'était là pour moi non seulement la musique belle et normale, mais la seule; en sorte que, lorsque je connus l'autre, l'opéra, l'opérette, la musique légère, mélodramatique ou joviale, j'éprouvai la surprise bizarrement désagréable d'une laideur, d'un désordre, d'un vacarme incompréhensible, d'une sorte de caricature perverse de la musique à laquelle j'étais accoutumé et considérai tout cela comme, un peu, je considère aujourd'hui l'épilepsie des « fauves » et la ribote des cubistes en songeant à Tintoret, à Rembrandt ou à Watteau.

J'ai approfondi seulement plus tard la singularité de mon cas : alors qu'en général les enfants connaissent d'abord les flonflons, entendent et déchiffrent de la musique banale, et sont initiés par degrés à l'art

musical réel, qui leur semble majestueux et sévère,
les circonstances m'ont mis à l'aise devant la musique
« difficile » et m'ont imposé devant les productions
vulgaires une gêne d'esprit qui m'empêchera toujours
de les comprendre : rien ne me paraît non seulement
plus déplaisant mais plus obscur, plus compliqué,
plus déformateur et plus déplaisant pour l'esprit
qu'un opéra de Meyerbeer ou d'Ambroise Thomas ; le
banal, le creux et l'ampoulé me restent incompréhen-
sibles, et une fugue ou un motet, quoique je ne sache
ni jouer ni composer, me semblent les choses les plus
claires et les plus aisées du monde auprès d'une valse
de pensionnat, qui n'est d'abord pour moi qu'un
bruit où je ne distingue rien.

Peut-être est-ce à cette formation que je dois, en
écoutant la musique de piano de Bach, de m'émerveiller
toujours davantage de ce que cette musique contient
de grâce radieuse et de puissante liberté, alors qu'on
la présente partout comme un type classique, au sens
scolastique du terme : et Dieu sait à quel point s'est
étendue cette acception rébarbative, qui fait envisager l'étude de Bach par les débutants comme une
corvée inévitable, aussi ennuyeuse que l'étude de la
vieille logique « en barbara et baralipton » du moyen
âge dans les classes de philosophie, comme une
leçon d'arithmétique et de géométrie musicale, exigeant d'emblée l'entrain qu'on met à faire un pensum
et une exécution aussi glaciale que métronomique,
où tout essai de sentiment et de passion serait dé-
placé, inconvenant et contraire au style. L'œuvre de
Bach est dépeinte comme une façade immense et
aride au long de laquelle il faut nécessairement che-

miner avec un état d'âme mitigé de respect conventionnel et maussade, d'ennui incommensurable et inavoué, où rôdent confusément des images et des idées de cordeau, de perruque, de rudiment, de buste poussiéreux : le *Clavecin bien tempéré* s'associe au *Jardin des racines grecques* dans les jeunes esprits, et tout cela se résume dans le jeu de trop de pianistes, qui se présentent en habit noir, devant leur instrument noir avec un air désolé d'avoir à officier avec cet automatisme absolu qu'ils ont toujours pris pour l'idéal « classique », cependant que le public, recueilli, médusé, s'apprête à subir convenablement l'épreuve qu'ils présagent à sa résignation.

Il en va de ceci comme des classiques littéraires, entrevus au collège, obligatoirement ânonnés, surchargés de notes et de renvois, quittés joyeusement au lendemain du baccalauréat, et que certains, s'ils les rouvrent un jour, découvrent avec stupeur pleins d'attrait et de vie, méconnaissables. Pour moi, à cause de ce que j'ai dit, le *Clavecin bien tempéré* n'a jamais été, malgré son titre et son but et avant même que je pusse les comprendre, autre chose qu'une série de poèmes véhéments, charmants, allègres ou mélancoliques, d'une incroyable variété d'expressions et d'une puissance de condensation musicale extraordinaire, me transportant ou me touchant aux larmes; et lorsque j'ai su que c'étaient là des exemples théoriques créés par le poète pour l'enseignement progressif et rationnel d'un instrument, je ne les ai admirés que davantage, et le consentement préalable à leur beauté m'a fait accepter plus fortement leur vertu de discipline. Rien mieux que ce recueil, ou la série des autres œuvres pour piano de Bach, ne m'a confirmé dans cette idée et ce sentiment que le vrai classicisme est constitué, à travers l'histoire de tous les arts, par la lignée des créateurs et assembleurs de formes neuves outrepassant la routine, tandis que le faux classicisme est celui des pédants qui ont essayé de codifier les apports de chacun de ces créateurs pour les paralyser au nom du respect de ceux qui les avaient précédés.

Qu'est-ce que la *Fantaisie chromatique*, sinon l'une des plus sublimes créations du romantisme musical, avec son vaste dialogue crépusculaire, passionné, tragique, infiniment triste et apaisé après tant de grondements d'orage et de répliques farouches, dialogue dont je me suis toujours ressouvenu lorsque j'ai connu le solo de cor anglais du troisième acte de *Tristan* et l'épisode de murmurante et pure idéalité qui s'insère aux *Variations symphoniques* de Franck ?

Ma pensée, par ces analogies, remonte à la source même, à ces formes du purisme musical, le choral, le canon, le motet, la fugue. Et l'étonnant pour qui ne les comprend pas ou n'y fut point habitué de bonne heure, c'est qu'une imperceptible modification de ces formes nues, rectilignes, ait permis la tendresse, l'esprit, le caprice et la grâce des Haydn, des Mozart et des Gluck. Ainsi la rosace est née du mur médiéval, et de l'art rigide de Byzance le faste souple et décoratif des Florentins. L'assise massive de la basilique, d'abord restreinte au rôle de forteresse jusqu'à une assez grande élévation, rugueuse et armée comme le tronc de chêne, a porté la frondaison des arceaux, la vivante et délicieuse orfèvrerie de la pierre, mais, sans l'armature défensive et le saint cadre une fois

pour toutes décrété, rien ne se fût soutenu. Il plaisait
à Florence d'épanouir l'art de la *Cantoria* de Donatello,
de Pisanello ou des Della Robbia auprès de la sévérité
militaire des bases du palais Strozzi ou de la façade du
Pitti. Nous nous trompons sur l'idée de classicisme
comme sur celle de sévérité. Les âmes qui, comme
celle de Bach, se sont encloses dans les formes du purisme primitif, s'y sont trouvées à l'aise avec leur en-
jouement, leur bonté, leur pitié, leur naïveté, leur brûlante éloquence, leur foi, leurs passions, leur amour,
tout comme les plus ardents romantiques dans les
formes polymorphes qu'ils se sont créées. Je ne peux
entendre Bach sans l'associer au musicien qui s'est
adressé le plus directement au cœur, à ce Robert
Schumann, créateur d'une nouvelle « littérature du
piano » et d'un cycle inouï de lieder où les formes de
Bach éclatent et fleurissent à chaque page, dans la structure de la mélodie, dans la partition condensée qu'est
tout accompagnement. Schumann offre bien l'exemple
probant de cette transition sans brisure du classicisme
au romantisme, qui fait que Bach est resté tout entier,
gigantesque, inattingible, dans l'évolution musicale,
essentiel à sa date comme à la nôtre ; Dieu sans rides,
qu'une éternelle jeunesse nimbe quand on sait et ose
aller à lui sans le vieillir par le préjugé qui nous
fait mêler l'idée de caducité à celle du classicisme, et
de maussade déférence à celle de la règle.

Du *Clavecin bien tempéré* le titre seul apparaît archaïque, avec un charme d'immense modestie. L'œuvre
est sans âge, merveille que qui donc, s'il se trouvait
quelqu'un capable de l'égaler, aurait la simplicité
d'intituler ainsi ? Jamais nature du génie ne s'est plus

librement définie qu'en ces formes fixes mais non coercitives, l'épurant et l'intensifiant par leur forte synthèse, comme l'a fait le purisme, non moins classique et non moins apte à la quintessence de vie, pour les poèmes où a chanté l'âme rare de Mallarmé.

Les caractères les plus communément reconnus à Bach ont été la majesté, la puissance, la mysticité d'un prophète ou d'un père de l'Eglise. A l'adolescence qui aborde son œuvre pour piano, on néglige trop souvent de faire comprendre sa familière tendresse, sa bonté, son humour, sa belle humeur de géant sain et pieux, aimant la vie, et la délicieuse émotion qui sourdait de lui entre deux gestes léonins, comme elle sourdait dans les sonnets de Michel-Ange entre l'*Esclave* et la *Pieta* du palais Rondanini. Cette douceur voilée des titans est plus poignante que toute autre; elle est, au sein du classicisme, un des éléments les plus proches du romantisme qui l'a d'ailleurs recueillie — et elle s'exprime tout entière dans les poèmes du *Clavecin bien tempéré*, et elle s'insinue dans l'âme, si l'on s'avise de la soupçonner, si un jeu passionné et vivant rend aux formes conventionnelles toute leur virtualité, si on l'interprète, non en leçon, en modèle scolastique, mais en œuvre actuelle et confidentielle, en « musique d'aveux » tout comme celle de Schumann. C'est alors une transfiguration, et plus l'âme est dégagée, plus elle justifie la nécessité de la forme qui lui a été choisie.

Rien ne ferait mieux comprendre peut-être la richesse, la beauté, la vie des formes soi-disant archaïques et rigides des préludes, des chorals, des fugues, à l'enfance qu'elles rebutent, que d'oser interpréter Bach devant elle en lui répétant sans cesse que la logique est l'exaltation et non la contrainte de toute vraie liberté en art, en lui jouant Bach avec un emportement tout romantique. Et il serait essentiel aussi de lui montrer, par le jeu et par le commentaire, toute la joie qu'il y a dans l'art de Bach, joie des hautes cimes de l'esprit mais aussi joie très humaine, allégresse et verdeur du grand bâtisseur de cathédrales sonores, heureux de la puissance que son Dieu avait mise en lui pour le célébrer, et se reposant, après tâche faite, en riant avec ses enfants et ses amis, joie qui n'ignorait rien des peines de la terre, mais les fondait dans la beauté universelle et en devinait les mystérieuses fins, joie presque puérile telle que la connaissent seules les grandes consciences créatrices pour qui tout est clarté et pureté, joie du génie pour qui l'intelligence n'est que l'interprète de l'amour. Renouer cette joie à l'idée du classique est, dans tous les arts, une œuvre juste et utile pour chasser de l'âme de l'enfance le triste malentendu prolongé par les pédants.

C'est par ces voies que j'ai été conduit à ce miséricordieux, joyeux, bon et sublime Jean-Sébastien Bach, lorsque, tout enfant, l'entendant jouer par de bons vieux musiciens modestes, mais fidèles, compréhensifs et aimants, je me chantais des périodes entières de ses préludes, de ses fugues, de ses concertos, amusé par les méandres des capricieuses variations, frappé par la rectitude, la carrure et la justesse infaillible de leur conclusion, par la salubre force de leur jaillissement rythmique, par leur allure hardie et guerrière, leur entraînement choral, la brusquerie de leurs rentrées sursautantes ou l'ordonnance ample et sereine de leurs développements, et n'ayant pas un instant l'idée qu'il pût s'agir là d'une composition scolastique à interpréter par devoir, toute revêtue de la revêche utilité de mes thèmes et versions d'écolier.

Je n'ai su qu'après, que Bach était mort depuis bien longtemps, et qu'il était un de ces maîtres qu'on vénère, qu'on statufie, et dont les professeurs tirent leurs leçons. Pour moi, il n'était que santé, liberté et vie, et je l'eusse vu entrer sans étonnement et sans peur ; je n'ai cru à la réalité de sa mort qu'en l'entendant, si je puis dire, enterrer par certains pianistes....

A TRAVERS LA VIE DE GLUCK
MUSICIEN TCHÈQUE[1]

De toutes les révélations personnelles et théoriques qui composent l'histoire des grands musiciens, peu ont le caractère de « révélations », au même degré que l'apparition étincelante de Gluck à Paris. Il arrive à soixante ans, y triomphe durant cinq années avec cinq chefs-d'œuvre bouleversant l'art dramatique et lyrique, se dépite d'un insuccès, et repart en Autriche où il meurt après huit années de silence volontaire. Au crépuscule, cette existence prend feu comme un météore, et tout s'enflamme autour d'elle. C'est non seulement un génie saturé de méditations dont toutes les énergies éclatent en un brusque et splendide rayonnement, mais encore « l'air musical » lui-même qui, à ce contact, se met à flamber. De la première représentation d'*Orphée* à l'Opéra en 1774, à l'échec d'*Echo et Narcisse* en 1779, une révolution s'accomplit, rejetant les Bouffons, comme ceux-ci avaient évincé Lulli et Rameau; le style dramatique français renaît à l'appel d'un étranger qui en rénove l'âme, la cour et la ville sont subjuguées, la critique est grisée, les passions s'exaltent et tout cela gravite autour d'une personnalité intense, revêtue de puis-

1. La publication de cette étude m'ayant valu, en 1913, d'être injurié par la presse allemande, qui n'aime pas les « désannexions », on comprendra que j'aie un plaisir tout spécial à redonner en volume, en 1919, les preuves qui font cadeau du génie de Gluck à la Bohême.

sance et de magie, celle de ce grand et fort sexagénaire qui, somptueux en sa vêture et fruste en ses façons, gros mangeur, buveur redoutable, tour à tour majestueux ou jovial, emplit de ses colères ou de ses rires la salle où l'on répète ses œuvres, s'y promène en manches de chemise et sans perruque, haranguant en français très pur avec un accent tudesque, gourmandant l'un, flattant l'autre, surmenant les chanteurs, exigeant qu'on recommence vingt fois, bousculant les paresses, les vanités, les routines, ébahissant les seigneurs et les princesses, jetant entre deux lazzis ou deux invectives d'admirables phrases sur les secrets de son art, pliant tout et tous sous la violence de son génie. Il faut attendre Wagner, le Wagner de Munich, ou le Liszt des années d'apostolat à Weimar, pour retrouver quelque chose de pareil.

Ces cinq années d'éblouissement ont laissé un tel souvenir, que ceux qui ont le mieux aimé Gluck ne se sont guère occupés de son existence antérieure. Ses cinq chefs-d'œuvre : *Orphée*, les *Iphigénies*, *Alceste*, *Armide*, se présentent avec une telle homogénéité, ils portent à une telle perfection un système d'esthétique dramatique, et cette perfection est apparemment si spontanée, si naturelle, que l'on répugne à imaginer ou à admettre la très lente formation qui l'a rendue possible. Gluck, pour presque tous, ce sont ces cinq années : il y tient tout entier, il semble être jailli des nues, tout armé, dans « les vastes éclairs de son esprit lucide ». On sait bien cependant que c'est là de l'illusion pure : on sait que Gluck avait voyagé vingt ans, qu'il avait écrit trente œuvres à l'italienne avant ce revirement foudroyant de son style et cette sorte de conflagration de toutes ses vélléités, de démenti sublime à sa carrière passée. On le sait, mais on ne veut pas y songer. On préfère l'oublier, par ce besoin instinctif d'arrangement et ce goût du merveilleux qui, en présence des êtres géniaux, nous poussent à enjoliver encore leurs vies et à en faire des contes fascinateurs, insolites et extraordinaires. On sourirait volontiers à l'idée d'un Gluck, légende surgie d'on ne sait où, étonnant le monde, puis se taisant, orgueilleux d'avoir révolutionné l'art. Il en va tout autrement, et l'homme n'apparaîtra sans doute que plus grand, bien que moins fabuleux, lorsqu'on se reportera à l'examen de sa période première, de cette jeunesse et de cette maturité durant lesquelles il travailla, médita, chercha, avec cette « longue patience » et cette sereine faculté d'attente et de foi en l'avenir qui sont les conditions éternelles du chef-d'œuvre.

Cette période, il semble bien que l'oubli lui soit obstinément réservé, en ce qui concerne les œuvres, et que personne, malgré l'admiration donnée à *Orphée* ou à *Alceste* et précisément à cause d'elle, ne veuille s'enquérir d'*Artaserce*, de *Demofoonte*, d'*Ipermestra*, de *Sipace*, de *Tétide*, du *Repastore*, pas plus que de la *Séméramide riconosciuta*, l'*Alessandro nell'Indie*, de la *Caduta de Giganti*, voire du *Don Giovanni* (qu'il serait mieux de connaître cependant), et moins encore des opéras-comiques !

Que d'admirateurs d'*Orphée* et des *Iphigénies* se refuseront même à croire que le formidable Gluck ait « musiqué » des livrets signés par Favart tels que *Le Cadi dupé*, *Le Chinois poli en France*, *Cythère assiégée* ou l'*Ile de Merlin!* et peut-être aux seuls musicographes l'ignorance de ces productions doit-elle être défendue. Mais cette série d'œuvres données à Milan, Venise, Crémone, Turin, Rome, Naples, Bologne, Parme, Londres et Vienne avaient valu à leur auteur une célébrité sans laquelle l'Opéra de Paris lui fût resté fermé ; c'est en les écrivant, en s'inquiétant de les dépasser, en méditant sur elles, que Gluck a été conduit à se réformer et à tout réformer. Elles cessent au moins par là d'être négligeables, puisqu'elles aidèrent l'artiste à se trouver et à se manifester, et occupèrent son existence jusqu'à l'heure de son grand effort synthétique, en exerçant sa patience et sa discipline. Si l'oubli les enveloppe au point de vue strictement musical, il ne peut s'étendre à la personne même du compositeur, et si, récemment, on s'est ingénié à se mieux enquérir de sa période première, ce fut moins par vaine curiosité que pour constater certaines antécédences. Nul ne devient génial du jour au lendemain, et surtout à la soixantaine : de l'existence d'un grand homme rien n'est inutile psychologiquement.

De Gluck de 1774 on a tous les traits : trop de témoins s'empressèrent autour de lui, en un temps où chacun sut conter l'anecdote et observer finement, pour que nous ignorions rien du maître dont le grand et profond Houdon nous a laissé le buste, et cent chroniqueurs d'incisifs croquetons à la plume. Le Gluck de Paris s'impose avec ampleur dans la galerie des portraits français du xviiie siècle. C'est plutôt vers le Gluck antérieur qu'on s'est tourné depuis peu : figure moins nette, mal connue, peu regardée jus-

qu'alors, sur laquelle l'image la plus récente, et la plus
glorieuse s'était posée comme un masque radieux — et
qui était pourtant infiniment intéressante, elle aussi.
Et l'une des premières questions sur lesquelles on se
soit enfin préoccupé d'apporter des lumières a été celle
de la naissance elle-même de Gluck, de sa véritable
patrie, de son ascendance ethnique, qualifiée d' « allemande » avec une imprécision qu'on peut enfin désa-
vouer aujourd'hui.

****

Les plus consciencieuses recherches biographiques
relatives à Gluck ont été faites par Anton-Schmid :
mais lui-même s'était beaucoup servi du savant pré-
montré tchèque, Gottfried J. Dlabacz, lequel publia
en 1815 un dictionnaire historique des artistes de la
Bohême et y comprit Gluck. C'est lui qui détermina
le lieu de naissance Weydenwang en Haut-Palatinat
et la date — 4 Juillet 1714 — sauf erreur de deux
jours, négligeable d'ailleurs, car d'aucuns tiennent
pour le 2 Juillet — et enfin la nationalité des parents
du futur musicien. Dlabacz avait été renseigné par
son ami le savant tchèque V.-F. Durich, lequel l'avait
été à son tour par la veuve de Gluck. Weydenwang
se trouve entre Bayreuth et Carlsbad.

Si l'opinion que la famille de Gluck était tchèque est
assez courante en Bohême, quoiqu'on n'en ait pas de
preuve absolue, elle est du moins vraisemblable :
Gluck appela toujours les Bohémiens (c'est-à-dire les
Tchèques) « ses compatriotes et bienfaiteurs »; en
Italie on le nomma toujours « il divino Boëmo. » Sa
famille était attachée à la maison des princes bohé-

miens Lobkovitz, sise à Raudnice-sur-l'Elbe, ayant acquis au xvie siècle les domaines de Sagan en Silésie et de Sternstein en Bavière. Le premier Gluck, mousquetaire d'un régiment bavarois, épousa en Janvier 1679, Catherine Kreuzer, de Frauenberg — l'arrière grand'mère de notre auteur. Leur fils Jean Adam, est mentionné comme forestier des princes Lobkovitz et Sagan, et ses fils, dont Alexandre, père du musicien, se trouvent tous au service de la même famille. On peut donc conjecturer qu'un des ancêtres de Gluck a été envoyé de Bohême au service des Lobkovitz, lorsque ceux-ci ont acquis des domaines en Bavière, et que ce Tchèque a fait souche de bons serviteurs, loin du pays natal, mais chez des princes de sa race : Jean Adam Gluck est qualifié « bourgeois de Neustadt an der Waldnad », c'est-à-dire d'une ville dépendant du domaine de Sternstein. Les Lobkovitz tchèques, acquérant des biens en terre allemande, devaient tenir à y envoyer des hommes de confiance choisis en leur patrie, et la continuité des services des Gluck auprès d'eux justifie de cette confiance. Les héritiers de Jean Adam sont tous forestiers de princes ; Alexandre vit chez le comte Kinsky à Kamerice en Bohême, Georges Alexandre à Brandnice, Léopold en Hongrie, et un acte de 1723 nous les montre vendant pour 300 florins à un autre Tchèque, également serviteur des Lobkovitz, Plyhal, une maison héritée par eux à Neustadt.

Tout ceci est bien plutôt en faveur d'une hypothèse tchèque que d'une allemande, quant à l'origine de Gluck. Mais voici une contribution plus significative encore, que j'emprunte à l'érudit docteur Jean

Löwenbach de Prague. Elle a trait à l'orthographe
elle-même du nom. L'acte de 1728 porte *Kluck*; on
trouve même dans les papiers de famille les ortho-
graphes *Kluckh*, *Kluck* et enfin, par évolution lente,
Gluckh, et *Gluck*. Or *Kluk* est un nom tchèque qui
veut dire un Gars, ce nom se prononce *clouque* et
on peut en induire que la forme allemande « *Gluck* »,
n'est que la prononciation adoucie du nom tchèque.
Il est à noter qu'elle ne doit nullement être confondue
avec le terme germanique « *Glück*, » avec tréma signi-
fiant « fortune, bonheur » En parlant de « M.
Glouck, » les Français du xviiie siècle étaient dans le
vrai; les affiches italiennes et allemandes portèrent
d'ailleurs souvent le nom *Cluck* ou « Kluck; » en
1755 le comte Kevenhueller parle en ses mémoires
du « cavaliere Kluck, » et dans la première biogra-
phie de Mozart, de 1798, où est relatée la rencontre
à Vienne de Mozart et de Gluck, celui-ci est spontanément qualifié de « Bohémien. »

Le Dr Löwenbach a bien raison, après avoir ras-
semblé toutes ces présomptions, de dire que le lieu de
naissance n'a point influencé l'éducation musicale de
Gluck; il est par contre impossible de ne pas tenir
compte de son hérédité, de ses séjours en Bohême,
des chants et danses tchèques, et de l'éducation musicale reçue jusqu'à l'âge de vingt-deux ans (de 1717
à 1732 Gluck habita, avec sa famille, le château de
Neuschloss que Wallenstein avait possédé, puis celui
d'Eisenberg dans l'Erzgebirge, c'est-à-dire en plein
pays bohème où la musique était enseignée à tous
les enfants des villages, et où l'on trouve une merveilleuse floraison de lieder populaires).

En 1732, le jeune homme devenait étudiant à Prague, étudiant peu fortuné, donnant des leçons de musique, chantant à l'église, voire à l'auberge, errant de village en village pendant les vacances, déjà « débrouillard » et aventureux. Il se développa ainsi dans une atmosphère musicale très dense, la restauration catholique ayant dû, pour combattre les survivances de la tradition hussite et ramener le peuple aux églises, accepter les formes primitives et plébéiennes de la musique en laquelle Huss et ses compagnons avaient toujours vu un soutien essentiel de la ferveur et de l'idéalisme. Afin d'attirer le public humble dans les sanctuaires du papisme, malgré sa répugnance secrète, on se résigna à ne point imposer les formes schématiques d'Allemagne et à respecter le nationalisme typique et autochtone. Gluck fut, comme tout jeune homme de son temps et de son milieu, séduit et intéressé par cette « littérature du lied tchèque » qui est une des plus riches de l'Europe. Il étudia, sous le célèbre Czernohorsky, frère mineur né à Nymburg en Bohême, qui avait jadis, en Italie, dirigé des chœurs à Sainte-Anne de Padoue et tenu l'orgue à Assise, et était devenu organiste des frères mineurs de Saint-Jacques à Prague. Gluck chantait et jouait sous sa direction à l'église Sainte-Marie du Tyn, à Sainte-Agnès; et on a pu comparer Czernohorsky à un J. S. Bach. Ses compositions ont malheureusement disparu en partie, mais il serait intéressant d'y chercher les traces de certaines inspirations de Gluck, comme aussi dans telles chansons populaires.

Ce n'est pas sans raison en effet que le Dr Prohazka, l'érudit pragois qui soutint Smetana et a laissé les meilleurs travaux sur le folk-lore tchèque, écrivait dès 1864 que Gluck plairait d'autant plus au public de Prague que celui-ci retrouverait en ses partitions les traces ineffaçables de certains chants nationaux tchèques. Le Dr Löwenbach s'est proposé de relever ces similitudes, ou tout au moins ces analogies et ces souvenirs, et s'il n'a pu encore y parvenir complètement, il a du moins noté quelques rapprochements bien curieux, que je mentionne ici d'après lui : dans Orphée, l'ariette « Chiamo, il mio ben cosi » évoque l'introduction de la IVe danse d'Anton Dvorak, construite sur un thème populaire : la chanson d'Eros « gli Sguardi... » au ballet du second acte, rappelle également un lied tchèque, ainsi que l'ariette d'*Orphée* au troisième acte « Che faro senza Euridice ». Dans *Alceste*, l'ariette d'Alceste au premier acte « Et sur l'excès de mon malheur... » le chœur « Parez vos fronts » du deuxième acte : dans *Iphigénie en Aulide*, un air du ballet du second acte, (littéralement une chanson bien connue en Bohême); un grazioso, l'allegretto en sol majeur du premier ballet du second acte, le dernier ballet du troisième : dans Armide, le chœur du second acte. « Aux temps heureux », le chœur champêtre et le ballet du quatrième acte. Tous ces passages sont analogues à des chants populaires tchèques, par le rythme et le caractère. On ne saurait tirer de ceci des conclusions trop formelles, mais ces réminiscences ont leur valeur dans l'envisagement des formations musicales de Gluck. C'est également en Bohême qu'il put connaître certaines œuvres italiennes, notamment la *Libuse*, de Denzia, précédant d'un siècle et demi le chef-d'œuvre national de Sme-

tana, par l'initiative du comte Spork créant un
théâtre privé ; et en 1746 Gluck collaborait lui-même
avec des Italiens, Vinci et Lampugnani, pour « La
fausse esclave » donnée à Prague puis à Vienne :
en 1748 Locatelli prenait la direction de l'Opéra
de Prague et y donnait successivement *Eʒis*, *Ipermnestra*, *Issipile*, œuvres dédiées aux « gentilshommes
de la Bohême » et « aux dames protectrices de l'Opéra
de Prague, » le nom de l'auteur étant orthographié
Kluck.

Bien que Gluck se fût déjà tourné vers l'Italie, la
Bohême n'a jamais cessé de le revendiquer ; les opéras
de Gluck sont réapparus sur les affiches, à Prague, dès
que le réveil de l'esprit tchèque a pu supplanter les
représentations italiennes et allemandes. La Bohême
se déclare fière d'avoir non seulement été la vraie patrie de Gluck, mais encore d'avoir formé son esprit musical par ses chants et ses traditions, et d'avoir accueilli
ses œuvres de début ; si ce n'est qu'une présomption,
du moins n'a-t-elle rien d'excessif et d'inacceptable.

*
* *

Dès 1737, le comte Melzi emmenait le jeune homme
en Italie ; la période d'études commençait véritable-
ment, à Milan, sous la direction de Sammartini, et
devait se prolonger durant quatre années. Aucun document ne nous renseigne sur la vie et les idées de Gluck
pendant ce laps de temps. Mais nous pouvons nous
faire une image assez exacte du maître auquel Melzi
avait jugé préférable de confier son protégé. Milan
était à cette époque un centre musical fort brillant, sur-

tout au point de vue symphonique, avec les Brioschi, les Zanni, les Sérini, Galimberti, Palladini et Sammartini comptaient au premier rang. Il est à peu près certain qu'il y vécut de 1764 à 1774, c'est-à-dire qu'il fut témoin d'une étonnante succession d'innovations musicales, depuis Corelli et Scarlatti jusqu'à Pergolèse, aux bouffons, à la symphonie concertante, et sa riche nature en fut influencée. Selon M. G. de Saint-Foix, auquel on doit d'excellentes recherches relatives à Sammartini, l'œuvre de celui-ci se compose surtout de symphonies, concertos et concertinos, d'une subtilité exquise ; il toucha aussi au genre du « concerto grosso, » mais moins fréquemment qu'à celui du concerto avec instrument solo ; il écrivit une nombreuse série d'airs et un quatuor vocal, pour de célèbres chanteurs de son temps ; maître de chapelle de plusieurs églises milanaises, il composa des messes, litanies et motets, un recueil de huit *Cantates* ou *Oratorios de Carême* illustrant des épisodes de la Passion. D'autre part, on lui doit des trios à cordes, quatuors avec flûte, concertini à quatre instruments, des quintettes, des sonates de clavecin, clavecin et violon, qui sont dignes de compter parmi la belle musique de chambre du xviiie siècle, et qui tôt ou tard renaîtront d'un injuste oubli. Sammartini a donc d'autres titres que celui, qui suffirait, d'avoir été le maître de Gluck. Il donna à celui-ci les plus précieux conseils relatifs à l'art d'un bon maître de chapelle, mais aussi, ceux qui concernent la pratique de l'Opéra. Gluck désirait déjà trop vivement se consacrer à la scène pour rester l'élève d'un homme qui n'eût été qu'un théoricien de la musique symphonique, et Sammartini avait essayé du théâtre, dès 1734, avec les trois actes, aujourd'hui perdus, de *l'Ambizione superata.*

Ce fut Milan qui, dès 1741, eut la primeur du début de Gluck, l'opéra *Artaserse,* et dès lors commença une production féconde : *Demetrio,* à Venise en 1742, *Demofoonte,* à la fin de la même année, *Tigrane,* à Crema, et *Arsace,* à Milan, en 1743 : *Sofonisba* à Milan en Janvier 1744, et *Ipermnestra* à Venise en Octobre 1744. Peut-être ces succès de son jeune élève déterminèrent-ils Sammartini à revenir au théâtre, et à y donner en 1743 *Agrippine, moglie di Tiberio,* mais ce fut sans jalousie. L'élève et le maître entre-tinrent les meilleurs rapports, et *Ipermnestra* apparaît tout imprégnée des idées et des formules d'*Agrippine,* laquelle est déjà quelque peu conforme à ce que, bien plus tard, on appellera « le caractère gluckiste » Même après avoir quitté Milan, Gluck conserva un vif souvenir des leçons de Jean-Baptiste Sammartini, l'Italien qui, par une anomalie singulière, lui avait donné une éducation plus instrumentale que vocale : et il le prouva en lui empruntant littéralement des morceaux pour les incorporer à plusieurs ouvertures de sa façon, notamment *Les Noces d'Hercule* et *d'Hébé,* de 1747, et la *Contesa dei Numi,* de 1749. M. de Sainte-Foix a même noté le prolongement de l'influence du style de Sammartini jusque dans l'ou-verture d'*Armide,* les ballets d'*Iphigénie en Aulide* et le solo de flûte du ballet *Orphée,* en voyant là, avec raison, une preuve de la fidélité de Gluck, malgré l'âge et la gloire, aux premières leçons du vieux maître oublié.

La formation technique de Gluck par Sammartini

ne nous intéresse donc pas seulement au point de vue de la curiosité, et parce qu'elle prétexte la remise en lumière d'un méconnu méritant. Il faut y insister comme sur les premières impressions reçues en Bohême, parce qu'il est temps de détruire la légende d'un Gluck sexagénaire surgissant d'une longue et nébuleuse période dénuée d'intérêt pour l'explication de son génie. L'opinion se plaît trop à imaginer « ces révélations par éclairs ». Bien que la dernière formule de Gluck ait fait sa gloire, révélé à lui-même et au monde son génie, et démenti toutes ses œuvres antérieures, ce démenti même atteste leur nécessité : c'est sur elles qu'il put raisonner, c'est dans leur examen qu'il puisa les éléments de sa réforme ; elles furent au nombre des conditions de sa longue expérience et de son mûrissement — et il ne se fût pas trouvé s'il ne s'y était cherché. A l'heure où il conçut ses grands chefs-d'œuvre, il semble que, par dessus trente années d'italianisme, les émotions de jeunesse en Bohême, et à Milan auprès de Sammartini, « l'instrumental moins italien » que les autres, aient réapparu dans le champ de sa sensibilité pour s'y transformer et s'y épanouir, et le décréter Tchèque et Milanais beaucoup plutôt qu'Allemand.

Cet homme que nous avons aujourd'hui une tendance erronée, bien que compréhensible, à nous figurer figé dans la majesté de sa gloire classique, « en perruque, avec une grande robe de pédant », cet homme fut infiniment vivant, actif, amoureux, gourmand de toutes choses voluptueuses, et possédé de la passion des voyages comme tous les artistes du xviiie siècle. Les succès italiens ne le contentèrent pas, et lorsqu'il eut été las de courir de Milan à Naples et de Venise à Bologne, pour y monter les opéras qu'il produisait abondamment, il alla jusqu'à Londres en 1746, où il connut Haendel et Arne, et tira avec bonne humeur d'utiles leçons de l'échec de son *Pirame et Tisbé*; il rentra à Vienne, s'y vit refuser la main de Marianne Pergin, qu'il devait cependant retrouver et épouser plus tard, en 1750, et repartit jusqu'à Copenhague en 1749.

Anton Schmid est muet sur ce court voyage en Danemark. Les recherches récentes de M. A. Hammerich ont suppléé à ce silence et comblé cette lacune. Ce fut en qualité de maître de chapelle de la troupe d'opéra italien dirigée par Pietro Mingotti que Gluck dirigea les représentations demandées par la cour danoise, au château de Charlottenbourg. La troupe était passable, l'orchestre fort réduit — à peine vingt musiciens dont les dix violons du roi; on ne joua que des opéras médiocres de Hasse, de Paradisi, de Scalabrini, et surtout des intermèdes, sérénades et cantates. Gluck ne donna qu'une œuvre de lui, à l'occasion de la naissance du futur Christian VII sa *Contesa dei Numi* (Disputes des dieux) sur une allégorie assez fade de Metastase, avec introductions instrumentales, récitatifs, chœurs à trois parties, airs de bravoure, trilles, roulades, et autres condiments au goût du jour. Il se fit aussi entendre en un concert à son bénéfice où il joua d'un curieux instrument de sa façon, com-

posé de « vingt-six verres remplis et accordés avec
de l'eau, permettant d'exécuter tout ce qu'on joue
sur le violon et le clavecin ». Il avait d'ailleurs déjà
joué de cette sorte d'harmonica à Londres en 1746,
et plus tard Franklin a construit une machine analogue, et le musée instrumental de Copenhague en
possède une provenant d'un fabricant de Baltimore
en 1828.

Ce qui est beaucoup plus intéressant c'est que
Gluck fut, là-bas, très frappé par certaines critiques
très vives de l'opéra italien tel qu'il le pratiquait
alors. Sous le règne du dévot Christian VI, les représentations théâtrales avaient été interdites, et des
sociétés s'étaient fondées pour développer et épurer le goût musical. Le principal artisan de cette
campagne était Johan Adolph Scheibe, chef de la
chapelle royale, et critique possédant une revue,
lequel attaquait intelligemment le mauvais goût
italien. Lorsque Frédéric V permit la reprise des
représentations, les Italiens se réinstallèrent partout en maîtres. Scheibe lutta obstinément et
prêcha d'exemple en composant un drame musical,
Thusnelda (1749). Or, les idées de Scheibe étaient à
peu près celles que Gluck adopta et imposa bien
plus tard en France : affinité naturelle de la parole
et du chant, puissance mélodique implicite dans le
langage, ouverture exprimant le sujet de l'Opéra,
importance de la diction dramatique relativement aux
parties orchestrales. Scheibe louangeait l'opéra français au détriment des dégénérescences italiennes, et
en réalité ces idées commençaient d'avoir cours chez
le Danois Holberg, l'Allemand Lessing, l'Anglais

Addison, et même l'Italien Marcello, en attendant que Grétry les adoptât. C'était une sorte de pénétration internationale du classicisme français.

On ne sait si Gluck pâtit des critiques de Scheibe, ni s'il en fit son profit immédiat. Mais ce qui semble certain, c'est qu'il s'en souvint dès le premier opéra qu'il entreprit au retour de Copenhague. *Telemacco*, écrit en 1750, est en effet la première œuvre de lui qui montre quelques tendances « Gluckistes »; il le donna à Rome et à Naples. Le récitatif y est développé ainsi que le chœur, et on sent le désir d'unifier le coloris et la composition. Gluck, vingt-cinq ans plus tard, gardait assez d'estime pour son *Telemacco* pour en replacer certains passages, airs de Circé et de Télémaque, dans *Armide* et dans *Iphigénie en Tauride*. Ceci nous révèle donc un des traits les plus curieux de sa nature : l'aptitude à ne laisser perdre aucune leçon de l'expérience, à utiliser sans sotte vanité les critiques, et même les échecs, à faire participer tous incidents à la formation de son esprit; et probablement les critiques de Scheibe ont-elles sérieusement aidé à cette formation si lente, si précautionneuse, d'un homme semblant assez certain de vivre pour ne se hâter jamais et se réserver les grandes fécondités à l'heure de la vieillesse.

Il ne sera pas sans intérêt pour les curieux d'apprendre que si Gluck revint d'Italie en 1754 avec le titre de Chevalier de l'Eperon d'or, et s'en montra si fier qu'il ne s'en sépara jamais plus, il est pourtant impossible, ainsi que l'ont prouvé les plus minutieuses recherches, de trouver la justification de ce titre dans les archives du Vatican. Aucun bref pontifical ne concerne Gluck, dont le nom reste absent de l'index où sont inscrits ceux qui obtiennent le brevet directement : et on est réduit à conjecturer qu'il l'eut par quelqu'un des nonces ou prélats qui avaient alors le privilège de conférer, sans le contrôle papal, des brevets de chevalier ou de docteur. Il est piquant par contre d'observer que Mozart, qui obtint plus tard cette distinction, dûment constatée par les archives du Vatican, et la tint du pape, ne porta jamais son titre de « chevalier Mozart » auquel il avait tous les droits. Quoi qu'il en soit, dès 1754 le fils du garde forestier des Lobkowitz fut pour tous « le chevalier Gluck, » et porta hautainement son privilège nobiliaire, avec cette grande allure délibérée, ce mélange de courtoisie orgueilleuse et de rondeur familière qui furent constamment caractéristiques de ses façons.

**

Une relation d'un voyage à Bologne en 1763, écrite par le jeune musicien viennois Karl Ditters von Dittersdorf, nous permettra de préciser certains traits de cette nature de Gluck. Ditters faisait partie de la chapelle des princes de Hildburghausen, lorsque celle-ci fut rattachée à l'orchestre du théâtre et à la chapelle de la cour de Vienne, que dirigeait le comte Durazzo, et dont Gluck était le Kapellmeister. Gluck s'intéressa assez à Ditters pour lui offrir de faire avec lui, à frais communs, le voyage de Bologne, où on l'appelait pour la composition et la création d'un opéra. Ce fut un voyage amusant, qui rappelle un peu celui que Fragonard fit avec le financier Bergeret. On décida de passer par Venise pour y reconduire une jeune et jolie cantatrice vénitienne, la signora Marini, qui avait été prima donna au théâtre de Prague durant deux ans et rentrait avec sa mère à Venise. Dès le premier arrêt, la signora priait Gluck et son jeune ami de lui tenir alternativement compagnie dans sa voiture de poste : et tour à tour l'un, de relai en relai, voyageait avec elle, tandis que l'autre voyageait avec sa mère dans le second équipage. Les quarante-neuf ans de Gluck ne l'empêchaient pas de faire à la prima donna une cour assidue dont, au prochain arrêt, Ditters détruisait tout l'effet, et cette jalousie légère et gaie du maître et de l'élève donnait tant de piquant aux relations de la compagnie, qu'après avoir juré de rouler nuit et jour sans arrêt, sur la demande express faite par Gluck au départ, on se reposa à Graetz, à Laybach, à Goritz, tant et si bien qu'on ne fut à Mestre que le soir du septième jour. Les deux galants eussent voulu qu'on passât encore cette nuit à Mestre, mais la signora, trop impatiente d'arriver à Venise où peut-être de doux souvenirs l'attendaient, exigea qu'on s'embarquât de suite — et on fut à Venise à minuit. Le « flirt » était fini.

C'était le lundi de la semaine sainte : point de théâtres ouverts. Dès le Dimanche de Pâques, Gluck et Ditters se hâtèrent vers Bologne, pour assister à l'ouverture du nouveau théâtre dirigé par le comte Bevilacepra, et pour donner le *Trionfo di Clelia*, sur un livret de Metastase, dont la musique avait été confiée à Gluck. Il l'avait déjà esquissée à Vienne et c'était pour lui un jeu que de l'achever, travaillant le matin et le soir, passant l'après-midi à faire des visites puis allant au café jusqu'au souper. On fêtait fort les deux hôtes de Bologne et, en l'honneur de ces « tedeschi, » le comte Bevilacepra organisa un concert de chant et de violon, où brillèrent les deux violonistes Luchini et Spargnoletti. « Vous n'avez pas besoin, dit tout bas Gluck à Ditters, d'avoir peur de ces deux sorciers ». Et en effet, peu après, Ditters obtint à l'église San Paolo un grand succès dont le récit forme un amusant tableau de la vie musicale italienne au XVIIIᵉ siècle.

« Le Capellmeister *Mazzoni* ayant appris par hasard, que je jouais du violon, me pria, après m'avoir entendu, de prendre part à une grande fête religieuse qui devait avoir lieu à San Paolo, et pour laquelle il avait composé les deux vêpres ainsi que la grand'messe, et de me faire entendre dans un concerto à la grand'messe de cette grande fête; j'allai avec Gluck à l'église, entendre les premières vêpres de *Mazzoni*. La musique réunissait des chœurs et un orchestre de plus de cent personnes. La composition était belle et brillante; elle me parut seulement un peu trop agitée et trop profane; car, — à l'exception de fugues magistrales, — elle me fit l'effet d'une *opera seria* plutôt que d'une musique d'église. Dans l'intervalle des psaumes, *Spagnoletti* joua un concerto de *Tartini* que j'avais étudié quelques années auparavant. Toute l'église était pleine de connaisseurs et d'amateurs de musique, et on voyait à la mine des auditeurs que le violoniste remportait un succès général.

« Gluck me dit : « Eh bien, vous pouvez compter pour demain sur un succès certain de la part de votre auditoire, car vos composition, comme votre style, sont beaucoup plus modernes. »

« Déjà le bruit s'était répandu qu'un virtuose allemand du violon se ferait entendre à la grand'messe du lendemain. En arrivant à l'église, nous entendîmes ce dialogue entre deux messieurs : « *Domani mattina sentiremo un virtuoso tedesco* » à quoi l'autre répondit : « *Temo che si fara canzonar, dopo che abbiamo senito quel bravo Spagnoletti.* » (Je crains bien qu'il se fasse moquer de lui, maintenant que nous avons entendu ce brave Spagnoletti.) Mais, le lendemain, lorsque je jouai un concerto de ma composition on ne se moqua pas de moi comme ce monsieur l'avait prédit ; Gluck, *M. Bevilaqua* et Sign. *Manznoli* me félicitèrent pour ce succès universel que j'avais récolté de tous les auditeurs ; Gluck me raconta qu'il s'était placé intentionnellement tout près des deux critiques de la veille et qu'il avait entendu l'un d'eux s'écrier : « *Per Dio! quel ragazzo suona come un angelo* » (Par Dieu ce gamin joue comme un ange), et que l'autre ajouta : *Comme è possibile, che una tartaruga tedesca posse arrivare a tale perfezione?* » (Comment est-il possible qu'une tortue allemande puisse arriver à jouer avec une telle perfection) ; sur quoi Gluck prit la liberté de dire : « *Signor, con permissione! Anchiio sono una tartaruga tedesca ma con tutto questo ho l'honore di scriver l'opera nuova per l'apertura del teatro restabilita!* » (Monsieur, permettez ! moi aussi je suis une tortue allemande, mais cependant j'ai l'honneur d'écrire l'opéra nouveau pour l'ouverture du nouveau théâtre !)

« Alors l'un deux s'excusant, assura qu'il était tout à fait guéri dès maintenant du préjugé qu'on lui avait inculqué contre la nation allemande.

« Gluck avait à peine fini son histoire, que survint le

père prieur du couvent, avec deux ecclésiastiques de
son ordre ; il me remercia de ma peine ; mais comme
il avait remarqué de sa stalle quel succès j'avais rem-
porté auprès de l'auditoire, il osait me demander de
jouer encore un concerto, le jour même, aux vêpres. Je
lui refusai net. Mon bon prieur ne se tint pas pour battu
cependant. Et comme le comte *Bevilaqua* assura que
c'était une distinction qui n'avait encore jamais échu
à un virtuose depuis que Bologne existe et que cela
ferait une énorme sensation dans la ville, j'acceptai.

« Le soir, l'église était pleine d'une foule serrée et un
grand nombre avait dû se retirer, faute de place. Je
jouai — mais si j'avais bien joué l'après-midi, il m'ar-
riva de jouer aussi bien cette fois. Après les vêpres,
nous fûmes invités au couvent, *Gluck*, moi, *Mazzoni*,
et les deux castrats, *Potenza* et *Nicolini*, qui avaient
chanté la veille. Ce fut vraiment un souper de Sar-
danapale, car tout ce que l'Italie produisait de succu-
lent en cette saison, nous fut servi. Nous fîmes bonne
chère jusque vers minuit, et rentrâmes chez nous très
« musice ».

Enfin l'opéra est donné — moins bien qu'il ne l'eût
été à Vienne — et nos voyageurs rentrent en Autriche
par Parme, — où ils entendent au passage *Caton d'U-
tique* de Jean-Christian Bach, (le fils de Jean-Sébastien), — par Mantoue, Klagenfurth et Trente.

*_**

Une curieuse conversation entre Gluck et Grétry,
transcrite par ce dernier, eut lieu alors que Gluck atteignait sa soixantième année, Grétry n'ayant que

trente ans. S'il faut en croire l'auteur de *Richard-cœur-de-Lion*, si le maître d'*Orphée* se divertit à le faire parler en se bornant à l'interroger, et en feignant parfois de le contredire pour mieux connaître ses idées, celles-ci étaient pourtant les plus chères à Gluck lui même. La causerie avait pour témoins quelques amateurs ; en la rappelant, Grétry reste convaincu que son illustre aîné prit plaisir à lui faire développer ainsi, explicitement devant témoins, des pensées qui avaient fait le fond de sa réforme. Ce dialogue où Gluck l'appelle « mon cher enfant », et où Grétry lui répond : « Mon cher papa », n'est pas seulement amusant ; il est typique parce qu'il est tout à la louange de la mélodie génératrice de l'harmonie, « la mélodie n'étant pas plus de l'harmonie plaquée que la Vénus de Médicis n'était dans le bloc d'où elle sortit, mais l'harmonie étant forcément dans un beau chant ». Gluck feint d'objecter qu'à ce compte l'harmonie perdrait. « Qu'importe, s'exclame Grétry avec un beau feu, si la mélodie y gagne ! Les licences harmoniques, les modulations hardies n'appartiennent qu'aux maîtres qui n'en abusent point. Si vous rendez un élève harmoniste avant d'être mélodiste, il abusera de sa science et ne sera jamais chantant. Peut-être ne sera-t-il jamais un grand harmoniste : tant pis pour la tête des érudits, et tant mieux pour le cœur des gens sensibles ! » — « Donne-t-on, dit Gluck en souriant, le chant à qui ne l'a pas dans l'âme ? — Celui qui ne l'a pas doit rester professeur, composer solfèges et fugues en renonçant à l'art dramatique, à l'art de peindre. — En ce cas, répliqua doucement l'auteur d'*Alceste*, beaucoup de professeurs et peu de grands peintres ! »

Et Grétry insiste : « Seuls sont compositeurs dramatiques ceux qui chantent naturellement, ont un ample foyer de sensibilité qui s'exhale dans leurs chants : ceux-là seuls sont destinés à notre art. » Et il explique que l'on devra d'abord habituer un élève à composer des chants sur des paroles de différents genres, à moduler ; qu'il sache ou non par quelles règles, cela importe peu, pourvu qu'il le fasse par sentiment, en respectant la vérité déclamatoire et la prosodie, et s'approche au plus près de la justesse de l'expression psychologique des personnages ; après quoi viendra l'éducation technique proprement dite. Ainsi ne fera-t-il jamais « parade de science en se rendant inchantable et baroque. » Toute cette conversation est moins un débat qu'un exposé dialogué du gluckisme, et on voit que telle de ses boutades est singulièrement actuelle, ainsi d'ailleurs que cette dernière phrase de Grétry : « Je dis à présent aux compositeurs trop savants, forts d'harmonie et maigres de chant, qu'ils renversent l'ordre naturel des choses en mettant la statue dans l'orchestre et le piédestal sur le théâtre. » Est-il bien réel que ceci ait été écrit il y a plus de cent ans ? Il semble que l'encre soit encore fraîche....

C'est sur une vision d'intimité que se clora cette série de souvenirs, peu ou point évoqués jusqu'ici, relativement à Gluck. Cette vision, le musicien allemand Reichardt nous l'a conservée telle qu'il l'avait eue vers la fin de la vie de ce grand vieillard. C'était en 1783. Gluck avait quitté Paris après sa série de triomphes

inouïs, et il s'était retiré en son château de Brechtholds-
dorf, près de Vienne.

« J'arrivai en voiture, écrit Reichardt, et trouvai un
grand vieillard majestueux, vêtu d'un habit gris riche-
ment brodé d'argent, d'une mise recherchée, qui s'a-
vança à ma rencontre, entouré de ses serviteurs, et
qui m'accueillit, pauvre capellmeister en habit de
voyage, avec plus de pompe que je n'aurais voulu. On
se mit bientôt à table, fort bien servie; mais notre
héros, déjà sous le coup d'une première attaque et
très surveillé par Madame Gluck, fit moins d'honneur
au repas qu'il ne l'aurait désiré. La conversation n'en
fut pas moins soutenue et animée, dirigée par l'aimable et intelligente maîtresse de maison, et par un
abbé à demeure, auquel Gluck confiait le soin de sa
correspondance et de sa comptabilité. Car le grand
homme, très attentif au marché des valeurs, ne négli-
geait aucune occasion de s'enrichir. On parla d'abord
beaucoup de Klopstock et du margrave de Bade, chez
qui Gluck avait fait la connaissance de l'auteur de
la *Messiade*. Je connaissais moi-même Klopstock
depuis longtemps, et dans mon voyage en Italie avec
Lavater je m'étais arrêté chez le Margrave. La conversation fut donc animée, et j'obtins la promesse que le
maître me ferait entendre, après le repas, la musique
qu'il avait composée, sans l'écrire encore, sur l'*Hermannschlacht* et d'autres odes de Klopstock. Madame Gluck eut beau protester énergiquement, dès le
café fini, et une petite promenade expédiée, Gluck se
mit au piano et chanta d'une voix faible, rauque, la
langue pâteuse, et soutenu de quelques accords, plusieurs morceaux qui m'enthousiasmèrent. Je fus

autorisé à transcrire sous sa dictée une de ses compositions. Entre les différents chants de l'*Hermannschlacht*, Gluck imita plusieurs fois le son des cors et les appels des combattants derrière leurs boucliers ; une fois il s'interrompit pour me dire qu'il cherchait pour cette œuvre un instrument nouveau.

« Il est difficile de donner une idée de ces chants interprétés par l'auteur. Ils semblaient une déclamation perpétuelle, dont la mélodie eut été absente. Quel dommage que Gluck ne se soit pas résolu à les écrire !.... Si l'obligation de revoir une fiancée bien-aimée ne m'en avait empêché, combien j'aurais eu plaisir à accepter l'invitation de Gluck et à séjourner quelque temps auprès de lui, pour mettre au net ces œuvres qu'il portait dans sa tête, et que l'âge, la maladie, et surtout l'anxiété de son entourage viennois, l'empêchèrent de réaliser.

« Aux murs pendait le beau portrait de *Duplessis*, où l'on voit le grand homme les yeux au ciel, le visage inspiré. A peine avais-je émis le souhait de posséder une reproduction de cette toile, que Gluck me le promit, et que, quelques mois plus tard je reçus une copie à Berlin, avec une lettre des plus obligeantes.

« Le soir et le lendemain matin nous fûmes seuls dans son cabinet et la conversation roula sur Paris. Gluck connaissait à fond Paris et les Parisiens. Il en parlait avec une ironie non dissimulée, et raconta sur ce ton comment il avait utilisé leur entêtement et leur snobisme, pour leur faire accepter sa grande et nouvelle manière.

« Je dus lui promettre d'aller entendre aussitôt que possible ses opéras à Paris même, où disait-il, survivait encore la tradition du style qu'il avait imposée.

« Gluck avait promis dans le feu de la conversation, de m'accompagner le lendemain à Vienne, et d'y prendre part au déjeuner que le Directeur Schroeder et le brave Krause de Stockholm avaient préparé pour lui, comme une petite fête intime et significative, L'idée parut remplir d'effroi la vigilante maîtresse de maison, et comme Gluck ne semblait pas encore tout à fait remis de la journée agitée qu'il avait passée avec moi, et dans laquelle s'étaient suivies plusieurs promenades, à pied, en voiture, le projet en resta là, et je me séparai de lui, avec cette horrible conviction que je ne reverrais plus jamais cet homme admirable. »

Et en effet, quatre ans après, Gluck mourait pour avoir humé, malgré les plus expresses défenses, un verre de liqueur avec des invités, au café, pendant que Marianne Gluck s'était absentée un instant.

Jusqu'au bout il avait été un sensuel, un gourmet, un franc buveur, comme au beau temps où, faisant porter son clavecin sur une pelouse ensoleillée, il composait ses mélodies immortelles en buvant du champagne.

L'examen de quelques données que nous avons pu réunir sur la période mal connue de sa vie, montre par quelle lente préparation, par quelle sagace expérience technique, mais aussi par quel intense amour de la vie sous toutes ses formes, quelle intelligence ductile et quelle aventureuse, fantaisiste et logique énergie s'était constituée la personnalité majestueuse et brûlante qui subjuga l'élite française à la veille de son grand bouleversement social.

DEVANT LA TOMBE DE SCHUMANN
1810-1910

Le 8 Juin 1810, Schumann naissait à Zwickau, petite ville de Saxe. Il était le cinquième enfant d'un libraire, marié à la fille d'un médecin. A dix ans, il commença l'étude du piano et même composa de petites fantaisies : il faillit devenir l'élève de Weber. La lecture de Jean-Paul Richter l'émut au point de l'engager à composer trois drames et deux romans dont nous ne savons rien. A seize ans, il perdit son père, et un négociant de Zwickau, nommé Rudel, devint son tuteur. Alors celui-ci, d'accord avec Mme Schumann, pressa le jeune homme de choisir une carrière; Robert céda aux remontrances, mais dès ce moment conçut de l'hypocondrie. Il prit, en 1828, ses inscriptions de droit à l'Université de Leipzig, mais, avant de se fixer en cette ville, fit un voyage à Bayreuth pour recueillir des souvenirs sur Jean-Paul, à Munich pour voir hâtivement Henri Heine, et eut une passionnette pour Mlle Clara de Kurrer.

A Leipzig, tout en suivant les cours, il fit de la musique, de l'escrime, écrivit des poésies, étudia Kant et Hegel, Schelling et Fichte, rêva, s'exalta. Il avait des crises de larmes et y trouvait un soulagement à son effervescence lyrique et indéfinie. Solidement constitué, vivant avec le souci de l'équilibre physique, évitant instinctivement les excès de toute nature, il n'était pas moins neurasthénique. La solitude et l'excitation intellectuelle lui nuisaient.

Il avait connu par Mme Carus les lieder de Schubert : par les Carus, venus à Leipzig, il connut le pianiste Wieck et sa fille Clara, d'une précocité extraordinaire. Il prit des leçons de Wieck, qui l'initia à Bach, puis quitta Leipzig pour continuer ses études à Heidelberg, et fit un seul voyage dans l'Italie septentrionale et la Suisse. Rentré à Heidelberg, il se remit au droit, mais continua à travailler le piano, eut des succès de concerts, écrivit quelques pièces des futurs *Papillons* et les *Variations sur le nom de Mme Abegg*, et, le 30 juillet 1830, décidé par l'émotion d'un concert Paganini à Francfort, il écrivit à sa mère sa résolution de quitter le droit et d'être exclusivement musicien : Wieck le prit avec lui à Leipzig. Les années 1830 et 1831 lui firent connaître la misère : mais, en avril, son tuteur lui rendit ses comptes et il fut sauvé. Sa carrière commençait.

A l'automne de 1831, Schumann travaillait le contrepoint avec Henri Dorn. Clara Wieck, alors âgée de treize ans, jouait ses *Papillons* à Zwickau : dès lors se formait dans le cœur de Schumann la grande passion de sa vie. Mais, en 1832, sa belle-sœur et son frère moururent en même temps ; il fut saisi de délire, puis de mélancolie noire, avec les symptômes les plus précis de la neurasthénie pathologique : congestion partielle du cerveau, désordres cardiaques, dyspnée, angoisse nerveuse, outre les dispositions à la tristesse, au mutisme, à l'isolement volontaire, à l'hypersensibilité et à l'exaltation sentimentale qui n'avaient jusqu'alors influencé que son caractère. Il faut retenir qu'une de ses sœurs était morte en état de folie douce.

En 1834 il fondait la *Neue Zeitschrift für Musik* et la société fantaisiste des *Davidsbündler*, pour défendre contre l'italianisme la musique classique et romantique allemande, et il commençait la série de ses belles critiques musicales. En même temps, il travaillait; il tombait chastement amoureux de deux femmes, la pianiste Henriette Vogt, qui devait mourir en 1836, et son amie Ernestine de Fricken, élève de Wieck : il se fiançait presque à celle-ci, mais par un accord amical, les deux jeunes gens, en 1836, reprenaient leur parole. La mort du pianiste Louis Schunke, avec lequel il avait eu une amitié brève mais chaleureuse, atteignait encore Schumann, au moment où il terminait les *Etudes Symphoniques* et commençait le *Carnaval*.

Sa mère mourut en 1836 : nouveau choc cérébral. Il comprit alors qu'il devait se dégager courtoisement à l'égard de Mlle de Fricken, parce qu'il avait pris de la sympathie pour de l'amour, qu'il n'aimait que Clara Wieck, et qu'il entrerait en plein bonheur en l'épousant. Il la demanda : Wieck refusa sans dureté, mais nettement.

Ainsi, en l'espace de trois années, Schumann perdait une belle-sœur, un frère, un ami intime, sa mère, et se voyait refuser la femme qu'il aimait. On peut dire qu'à vingt-six ans les conditions de sa perte future étaient réunies. Il était irrémédiablement atteint. De 1837 à 1840, il eut la consolation d'une amitié toute platonique avec la pianiste anglaise miss Laidlaw, le chagrin extrême de perdre son amie Henriette Vogt, le désespoir de voir ses demandes successives à Wieck se briser contre une résolution inébranlable, et enfin le triste bonheur d'épouser Clara à sa majorité, malgré l'opposition de son père, après un jugement de la Cour d'appel de Leipzig ; pour une nature aussi délicate, aussi tendre, une pareille situation ne pouvait être que très pénible. Wieck avait dû, devant les juges, motiver son refus. Il alléguait, tout en estimant beaucoup le caractère et le talent de Schumann, l'incertitude de sa réussite, la médiocrité de son avoir : en réalité, il connaissait et la folie de sa sœur morte, et les accidents nerveux du jeune homme, et il redoutait l'avenir moral et matériel pour Clara. Schumann devinait ces craintes, et s'en révolta au point de porter le conflit sur le terrain légal : la vie avec Clara était, il le sentait, l'unique salut pour lui. Les raisons du refus de Wieck étaient précisément celles de son espérance tenace.

Durant les débats il souffrit énormément : il avait travaillé avec ardeur pour vaincre son mal, pour améliorer sa situation et sa réputation. La *Sonate en sol mineur*, les *Scènes d'enfants*, les *Kreisleriana*, les *Novelettes*, l'*Humoreske*, le *Carnaval de Vienne*, toute cette musique inattendue, géniale et exceptionnelle, avait été écrite pendant cette période de deuils, d'amour contrarié, de surmenage matériel et moral, et probablement de crises nerveuses et d'hallucinations. Cette musique n'était plus ni un dérivatif à des souffrances physiques, ni même un phénomène, parallèle à la vie privée de son auteur. Elle était son mal lui-même, la forme sensible de sa névrose, l'expression d'un subjectivisme absolu. Non seulement il demandait à la musique la traduction de sa souffrance, mais il faisait de sa souffrance la nourriture essentielle de son art : son génie et sa maladie étaient devenus solidaires, et allaient répondre ensemble désormais, par une seule et même vibration, à toute sollicitation de la vie extérieure. La ligne jusqu'alors capricieuse de son sentimentalisme, s'unifiait également : inclination d'adolescence pour deux fillettes, Nanny et Liddy en 1827, amourette pour Mlle de Kurrer en 1828, rencontre de Clara la même année, rencontre nouvelle et commencement de passion en 1830-31, inclination pour Mme Vogt de 1834 à 1835, passionnette allant jusqu'à un projet de mariage avec Mlle de Fricken en 1835-36, amitié confidentielle pour Miss Laidlaw, tout était parallèle à l'amour pour Clara et finissait par y converger. Elle était le but du travail, l'objet d'élection, le ferment du chagrin, le stimulant du génie et le thème de l'obsession neurasthénique — l'innocente source de tout bien et de tout mal pour cet homme.

Après le mariage, et aussitôt, Schumann écrivit une centaine de lieder en moins d'un an. C'était l'explosion d'une âme à la fois ulcérée et ravie, brûlant de se raconter par le chant plus directement que par le piano. Et ce qu'il lui fallait raconter c'était son affreux combat de quatre années pour l'obtention d'un bonheur venu trop tard. Partout, chez Heine, Eichendorff, Reinick, Geibel, Kœrner ou Chamisso, il chercha des poèmes s'adaptant à son histoire assez directement pour qu'il semblât chanter son autobiographie sentimentale. On la suit aisément dans les textes qu'il a choisis, et qu'il a faits siens par sa manière merveilleuse de les mêler à ses rythmes musicaux; et quand on entend sa musique de piano on repense invinciblement à ces poèmes. Tout cela n'est qu'un même langage subjectif, la confession d'une grande âme déchirée et d'une sensibilité constamment troublée par des hantises. Après, il semble que l'aveu ait amené un soulagement et que Schumann, ayant récapitulé ses motifs de douleur et d'inquiétude cérébrale du sein d'une existence accalmie, familiale et heureuse, ait fait un immense effort pour se pacifier et s'extérioriser. Malheureusement, cette tendance salutaire allait contre l'exigence secrète d'un génie tout intérieur, désormais habitué à s'alimenter de la maladie. Ni dans la symphonie, ni au théâtre, la production réfléchie et saine de Schumann ne pouvait égaler en beauté sa production d'intimiste inquiet et sublime, et cet artiste qui admirait et souhaitait la sérénité, concevait en même temps qu'elle ne lui donnerait point la grandeur.

Il lutta de 1840 à 1844. C'est l'époque de la *Symphonie en si bémol*, de la *Symphonie en ré mineur* (achevée seulement en 1851), du *Quintette*, de l'oratorio profane *le Paradis et la Péri*, du voyage en Russie, le moment le plus heureux de sa vie. Il se portait alors très bien et semblait avoir oublié les heures mauvaises, les rêves, les découragements, les douleurs, tout ce qu'il avait confié à sa musique de piano et à ses lieder. Il avait sa femme adorée, deux fillettes. Il n'avait plus à redouter la pauvreté, il était célèbre. Il commença son *Faust*. Brusquement la crise reparut, plus violente que jamais, au point de le forcer à ne plus travailler, à quitter son journal, à aller se soigner à Dresde. Il se remit lentement, mais garda une épouvante. Il se sentit perdu et s'abandonna à sa fatalité.

Dès lors, la psychologie de sa vie se dédouble. Clara n'est plus le centre de son existence morale. Il y a un Schumann marié, père de famille, exquis avec ses amis, poursuivant son labeur de critique et de compositeur avec une grande puissance de travail, une grande clarté d'esprit : et il y a un Schumann qui se sait condamné à la folie, se débat contre elle ou s'en repaît avec un effrayant héroïsme, et tente de lutter de vitesse avec elle pour arriver à réaliser toute son œuvre. C'est à la folie qu'il songe constamment, soit pour l'écouter lorsqu'elle prend la forme de l'inspiration musicale, soit pour se roidir contre son emprise grandissante, soit pour la braver par des excès de travail. Toute sa vie n'est plus un dialogue d'âmes avec Clara, c'est un dialogue de volonté avec le mal inexorable : on en distingue nettement les alternances. A la crise de 1844 répondent les études de Bach, la volonté de style classique traduite par les *Etudes et Esquisses* pour piano pédalier, les *Fugues*, le *Concerto* en *la mineur* pour piano et orchestre. En 1846, l'ennemie reparaît : rechute grave. Le musicien répond en écrivant des chœurs, les *Trios* en *ré mineur* et *fa majeur* et l'opéra *Geneviève*. Puis il commence *Manfred*, c'est-à-dire un défi superbement désespéré à son destin : l'histoire de l'hallucination et du suicide d'un dément racontée par

un dément promis au suicide, l'histoire d'un personnage fictif incarnée par un homme qui va la revivre!
Manfred, c'est le dernier coup de dés du destin de
Schumann, c'est le pas décisif vers le gouffre.

En 1848, il y a répit. En 1849, la production
devient vertigineuse, plus de trente œuvres, ballades,
romances, scènes de *Faust*, chœurs, *Requiem* de
Mignon, pièces pour cor et piano, clarinette et piano,
hautbois, piano à quatre mains; on sent que l'ennemie
talonne la volonté de Schumann. En décembre 1849,
il donne des signes d'aliénation. Non seulement il n'a
plus peur et n'espère plus éviter sa fin, mais il étudie
son mal, se documente, s'analyse. Il se passionne pour
le spiritisme et achève de gaspiller sa force nerveuse.
Il a des hallucinations de l'ouïe. La production effrénée
recommence. *Faust* est achevé ainsi que la *Symphonie* en *si bémol* (la *Rhénane*) les ouvertures de la
Fiancée de Messine, de *Hermann et Dorothée*, de
Jules César, les vingt-quatre pièces de la *Vie d'une
Rose*, deux sonates, trois fantaisies, une messe, des
fugues, l'*Ouverture de Fête*, la publication des *Écrits
sur la Musique*, des voyages à Leipzig, à Hanovre, en
Hollande, tout cela se succède avec une invraisemblable rapidité. On arrive au mois de février 1854.
Là, l'ennemie reprend tout son avantage d'un seul
coup. Schumann se relève une nuit, écrivant cinq
variations pour piano, que Schubert et Mendelssohn
viennent de lui dicter en songe. Pour la première
fois il témoigne du désir d'aller dans une maison de
santé. C'est l'aveu suprême et navrant, le front courbé
devant l'intruse invisible. Il range ses papiers en vue
d'un départ. Il prie qu'on ne l'approche pas. Il s'accuse

de fautes imaginaires. Le 27, il sort sans rien dire et se jette dans le Rhin.

On sait le reste. Retiré de l'eau, gardé à vue, transféré à la maison de santé du docteur Richaz, à Endenich, il reçoit quelque temps Bettina Arnim, Joachim, Brahms, plus personne ensuite, et le 29 juillet 1856 il meurt, inconscient, sans avoir revu sa femme, ses trois filles, ses quatre fils. La vraie date de sa mort est le 27 février 1854 : la maison du docteur Richaz n'a abrité que son fantôme, la proie inerte et lamentable de l'ennemie héréditaire.

Nous ne pouvons avoir aucun doute sur la maladie de Schumann. Elle est caractéristique, les moindres symptômes en sont connus et définis. Les romantiques qui succédaient à la génération guerrière de l'Empire se sont donné des airs de langueur, ont affecté la phtisie, l'hypocondrie, la démence. Schumann a eu l'atroce destin de haïr tout cela, de n'aimer que la santé, les mœurs pures, la famille, l'art sans morbidité, et d'être pourtant condamné à éprouver physiologiquement la neurasthénie aiguë et la folie congénitale ; le processus a été régulier et implacable. Ce qu'il y a d'extraordinaire, c'est la façon dont les facultés artistiques de Schumann ont été à la fois son moyen de défense et son moyen de perdition. C'est la façon dont deux personnages, l'amour et la folie, sont intervenus dans sa vie parallèlement, et le problème psychologique d'une telle existence consiste dans les rapports du génie avec la folie et l'amour.

Il semble bien que, dans le cas de Schumann, tout cela soit indissoluble. Ses dispositions pour l'art musical préexistaient à sa rencontre de Clara et, à son

premier accès caractérisé, il voulait être compositeur :
mais l'eût-il été sans le double choc, fatal et provi-
dentiel, de l'amour et de la folie ? On peut en douter
en considérant l'expansion extraordinaire de sa musique depuis 1833, et en remarquant ses indécisions
antérieures, son désir d'être simplement un pianiste,
son peu d'aptitude à l'orchestration. Ce n'est qu'à
partir de 1833, et alors de plus en plus, qu'il interrogea
sa démence secrète et tendit à voir en elle la cause de sa
musique. *Manfred* marque le plus haut degré de cette
identification, l'aboutissement de ce subjectivisme for-
cené, qui fait du « schumannisme » la manifestation de
vie intérieure la plus profonde et la plus typique peut-
être de tout le romantisme. S'il n'eût recontré Clara,
il l'eût cherchée : toutes ses légères aventures senti-
mentales ne sont chez lui, comme chez Novalis auquel
il ressemble, que les esquisses d'un amour préconçu,
les espoirs d'une tendresse inapaisée et sans but.

Disserter sur la santé et la normalité du génie, c'est
faire œuvre vaine : toutefois il est évident que la
partie « saine » de l'œuvre de Schumann ne donne la
preuve que d'un beau et consciencieux talent de
compositeur néo-classique. Les symphonies, *Geneviève*, une partie de *Faust*, la musique religieuse, les
pièces de concert, tout cela est de second ordre. Mais
le génie éclate dans les lieder, le quintette, la musique
de piano et le *Manfred*, c'est-à-dire l'expression de la
lutte pour l'amour et de la lutte contre la folie. Et ce
subjectif extraordinaire est incapable de s'extérioriser :
il le tente sans succès chaque fois qu'il veut faire
œuvre de musicien professionnel. Il passe sa vie à se
perfectionner scrupuleusement dans l'étude tech-

nique — et tout ce qui est grand et nouveau en lui, c'est ce qu'il invente spontanément. Sans amour et sans folie, il n'eût été peut-être qu'un bon kapell-meister, un critique clairvoyant, un pianiste réputé. On lui rendrait un hommage documentaire et historique, mais il serait mort tout entier.

Il vit cependant, et d'une vie merveilleuse : nous vivons encore de lui, ce qu'il a apporté ne périra pas. Ses belles joutes de critique néobeethovénien contre l'italianisme, ses grands efforts de symphoniste, ses tentatives de théâtre et d'oratorios, tout cela s'est fané, les circonstances sont changées, les techniques ont passé outre : le témoignage de sa douleur est immortel. Est-ce à dire qu'il ait écrit de la musique de fou ? Hélas ! C'est trop souvent la nôtre qui, faite de sang-froid par des algébristes, semble folle et décadente auprès de la sienne, auprès de ces chefs-d'œuvre de clarté, de lucidité, de pur sentiment, de pur amour de la nature, de tendresse, de foi, d'ingénuité et de puissance, où l'idée musicale jaillit d'une source inépuisable. Il est le roi du lied et l'un des grands princes du piano, un grand poète au cœur innombrable. Il s'est terriblement défendu contre l'ennemie. Il s'est astreint à une existence très réglée, il a voulu la vie de famille, il a réservé toutes ses forces pour un travail régulier, il a eu les mœurs de la saine bourgeoisie allemande, il a fait « une carrière » selon les principes admis par les artistes de sa génération. Ses voyages, qui eurent tous des causes d'utilité, n'indiquent ni désordre ni nomadisme. Sa conduite d'époux et de père fut irréprochable, ses amitiés furent fidèles et profondes. Tout cela cependant n'était que la contrainte de sa volonté sur le vrai visage de sa vie.

Il a dissimulé jusqu'au bout, il a dû souffrir tout ce qu'un homme peut souffrir au monde, sans rien dire, comme Eugène Carrière dont l'agonie consciente et sereine m'a souvent fait penser à la fin de Schumann. C'est la musique qui l'a tué, ou plutôt il s'est résigné au suicide lent pour lui obéir, car elle ne pouvait être *sa* musique qu'en lui coûtant la joie de vivre et la conscience. C'est en face de cette vérité qu'il a vécu sans faiblir. C'est la beauté de ce drame psychologique qui donne à toute son œuvre de lied et de piano — celle où nous le trouvons vraiment — cette qualité unique qui crée les enthousiasmes et fonde les cultes.

Elle le place au nombre des héros. Elle en fait une de ces figures spéciales dont le concile constitue une sorte d'Eglise intellectuelle. C'est sa vie même qu'il nous a donnée : quand nous entendons sa musique, nous ne pensons point d'abord à l'art, mais à lui : il est toujours là, maître d'un certain nombre des rythmes les plus secrets de notre cœur. Il est devenu une de nos façons de ressentir. Il appartient aux poètes, aux amants, à l'humanité, il est une date dans la formation de la conscience moderne.

DEVANT LA TOMBE DE LISZT

1811-1911

« Nous n'avons su toutes ces choses
qu'après sa mort. »
Vie de Pascal, par sa sœur.

Il dort à Bayreuth, auprès du temple du dieu qu'il
créa. C'est là le point du monde que ce grand voyageur choisit pour se reposer durablement enfin, après
tant de labeur et de pélerinages. C'est là que le destin
lui permit de revenir pour mourir. S'il ne put épouser
la femme admirable qu'il aimait, il a connu du
moins, au soir de sa longue vie, la profonde étreinte
de la terre élue par son âme.

Il fut un des plus grands Errants que l'art ait
jamais délégués pour sa cause sur la vaste terre. On
songe, en lisant sa vie, à l'apostolat de Giotto par-
courant l'Italie, créant partout des chefs-d'œuvre,
ensemençant les jeunes cœurs, éveillant l'idéal de
beauté endormi dans les catacombes depuis huit
siècles, mettant un monde en mouvement, tout en
bâtissant une cathédrale de peinture. Il y a dans
Liszt cette joyeuse ferveur de Giotto, cette ardente
gaîté de l'âme que donne seul l'oubli volontaire et

total de soi-même. Plus encore qu'à son œuvre, c'est à son courage moral qu'il faut demander des leçons : apprenons, sur sa tombe, le plus rare des héroïsmes, la plénitude féconde du sacrifice.

Nul n'obtint plus, pour renoncer davantage. Sa gloire s'abattit sur lui comme un ange impétueux, alors qu'il n'était qu'un enfant. A dix ans il était célèbre, et on voyait en lui un Paganini du piano ; à quatorze ans, l'Opéra de Paris lui jouait son *Don Sanche*, à vingt-cinq ans il avait connu tous les triomphes en Europe, et il était le révélateur de Beethoven, le roi du piano et le conseiller respecté des plus grands ; et l'on savait déjà que son génie de compositeur, d'inventeur de formes musicales, survivrait à son éblouissante renommée d'interprète. Mais dès 1840 il connaissait personnellement Schumann, il rencontrait Wagner, et la hantise de l'apostolat et du sacrifice s'imposait à lui. Elle avait visité son âme dès l'enfance, sous une forme différente : c'était presque toujours par charité qu'il donnait ses concerts, et l'or ne comptait pas pour cet homme qui, ayant amassé et donné des fortunes, mourut pauvre. Puis, sa charité s'éleva d'un degré, et devint de l'altruisme d'art : ce fut la piété qui le jeta ardemment de capitale en capitale pour réunir les fonds du monument Beethoven à Bonn et revenir enfin, en 1845, jouer aux pieds de l'image du Titan, dressée grâce à lui. C'est l'altruisme qui lui fit transcrire pour piano la *Symphonie fantastique*, à vingt et un ans, l'éditer à ses frais et la répandre, premier acte d'une générosité qui prodigua les bienfaits durant quarante années ultérieures. Ce n'était pourtant là qu'un acheminement de l'Errant vers son bonheur véritable, le seul qui pût tenter son cœur admirable, l'abnégation. Weimar fut la halte définitive. Là il sentit qu'il allait pouvoir s'immoler. Dans *Parsifal*, Kundry rêve, et elle prononce gravement le mot qui concentre toute sa volonté insatiable : « Servir ». Kundry, c'est l'âme de Liszt. A Weimar il allait « servir ». Et durant treize années il y servit — et la ville de Gœthe devint la ville de Liszt.

Là Berlioz, Schumann, Gluck, Mozart, Schubert, Wagner, entre tant d'autres, furent divulgués et glorifiés par lui, et interprétés d'une incomparable façon. Mais ce n'était pas assez. Il écrivit, il fit de la critique d'apostolat, pour Chopin, pour Paganini, pour Wagner, pour Berlioz, pour Schumann, pour Franz. Il dirigeait la scène, dirigeait l'orchestre, dirigeait les concerts; rien ne suffisait à son effrayant désir de servir, rien ne brisait la résistance inouïe de son organisme. Alors, et seulement lorsqu'il jugeait avoir assez servi l'idéal du sacrifice, il s'accordait de créer lui-même, et il écoutait chanter son âme. Il écrivait *le Tasse, Ce qu'on entend sur la montagne, l'Héroïde funèbre, Mazeppa, Bruits de Fête, Prométhée*, la *Faust-Symphonie, Orphée, les Préludes, les Huns, Hamlet, la Sonate*, une foule d'œuvres — des chefs-d'œuvre. Comment en trouvait-il le temps ? C'est le mystère de la fièvre et du génie. Et quand tout cela était amoncelé, il le délaissait et jouait les œuvres des autres.

Et les autres, et même ceux qui bénéficiaient de son amitié personnelle, acceptaient ce sacrifice sans gratitude, et ne défendaient pas leur chevalier errant, leur mécène spirituel et le héraut de leur gloire. Car pour eux comme pour la foule, Franz Liszt était un pianiste inouï qui avait voulu se faire kapellmeister et critique pour assurer le triomphe de la révolution néo-beethovenienne, et rien de plus, et simplement cela et c'était bien ainsi, et on le remerciait : mais qu'il fût un colosse musical, un titan créateur lui aussi, à quoi bon s'en apercevoir, et pourquoi s'attarder à demander la justice pour l'homme qui la faisait rendre, pourquoi reconnaître que le virtuose était un inventeur, pourquoi décerner à l'apôtre incomparable les honneurs dus aux dieux? Lui souriait, et constituait en silence le poème symphonique dont ils allaient se servir en le diminuant, en l'extériorisant, alors qu'il le leur donnait plein de génie, et tel qu'une synthèse du lyrisme poétique et du lyrisme musical. Il créait la seule forme haute et neuve que la musique eût trouvée depuis le classicisme, comme il avait, dans son adolescence, créé la forme haute et neuve de la littérature du piano. Il souriait, il ne souffrait pas. Il ne voyait pas l'ingratitude, car il regardait toujours en face de soi, c'est-à-dire au-dessus des hommes. Il était heureux d'être démarqué et sous-entendu, parce que l'Idée évoluait. Le chevalier errant ne se nomme pas; il est le Bien qui passe. L'homme de Weimar, dont le nom avait fasciné le monde, ne croyait point au nom ; en lui vivait le désintéressement sain et fort des artistes anonymes du Moyen Age. Il était sauf de l'atroce jalousie nominale de la gloire, il était libéré du profit personnel, et c'est pour cela que son esprit réalisait d'immenses économies de forces, et là était le secret de sa puissance de travail,

de sa victoire quotidienne sur le temps. Il était destiné à voir ses tempes blanches, et il œuvrait avec la
rapidité de ceux qui vont mourir demain.

Et puis il était infiniment absorbé par la création
d'une œuvre subtile et difficile entre toutes, qui lui
donnait un grand souci et exigeait toute sa science,
autrement que l'organisation de la musique européenne ou la constitution du poème symphonique : il
modelait un être vivant qui se rebellait sans bonté
contre l'homme qui le menait au génie, il construisait Richard Wagner et lui suggérait le wagnérisme.

Il a servi Berlioz, Chopin, Schumann, Glinka, toute
l'école russe, César Franck. Mais ce sont des services
qu'un autre eût pu rendre : tandis que jamais, sans
doute, une âme ne s'est dévouée à une autre âme
comme celle de Liszt à celle de Wagner. L'altruisme,
ici, a quelque chose de radieux et d'unique, la bonté
s'élève à une sorte d'impartialité divine. Ce n'est rien,
que les œuvres wagnériennes postérieures à *Lohengrin* aient été influencées manifestement par les principales créations symphoniques de Liszt, achevées
avant que *Rheingold* fût commencé : ce n'est rien
que la *Sonate à Schumann* semble l'exposé de toute
une Tétralogie : ce n'est rien, que l'art de Liszt, tel
que nous le connaissons aujourd'hui, nous permette
la formidable supposition que, Wagner n'ayant point
existé, le wagnérisme eût pu être quand même! Ce
qui reste un enseignement psychique incomparable,
c'est ce que nous a révélé la *Correspondance*, un des
plus grands faits critiques de l'histoire des arts : c'est
cette formation lente d'un être par un autre qui le

défend, le secourt, le protège contre lui-même, ne s'offense jamais de son ingratitude, sait ce qu'il y a en lui de démoniaque et de mauvais, lui insuffle patiemment la spiritualité, le juge avec douceur, l'électrise, le console et le pousse vers la terre promise, puis le regarde en restant au seuil, sur un sommet, sur un Nébo de chefs-d'œuvre ignorés, comme un Moïse qui dédaignerait même la mélancolie. Qu'importe à l'âme du bon paladin errant qu'un Wagner soit digne ou indigne? Il voit que le génie est en lui, il faut que ce génie soit révélé, que l'Idée s'affirme : Liszt a jugé que le pouvoir magique a été placé en Wagner plus qu'en lui-même, il sert le pouvoir dans l'homme, c'est à lui qu'il se dévoue, et il connait des joies indicibles, parce que son surhumain besoin de dévouement a trouvé dans le siècle un protégé digne de son effort. Avoir fait les œuvres de Wagner? Il l'eût pu. Mais avoir fait Wagner, c'est ce qu'il a préféré. Jamais la fécondité du sacrifice volontaire ne s'affirma plus bellement depuis la maïeutique de Socrate.

Quand il eut quitté Weimar, Wagner était achevé et s'en allait à travers le monde, d'orage en tempête, mais toujours illuminé par des éclairs, rayons futurs de son auréole.

Le grand vieillard se tourna, l'œuvre faite, vers l'Italie. Peut-être son âme héroïque ressentit-elle alors quelque chose qui ressemblait à la mélancolie. Il alla vers le soleil, à Rome, auprès de celle qu'il aimait et qui fut la Vittoria Colonna de ce Michel-Ange las d'avoir sculpté un dieu. L'Errant des causes de beauté rêva de s'arrêter, de goûter la stabilité du bonheur; mais

sa mission exigeait encore l'oubli de soi, et pas plus
que le sombre génie de la Sixtine ne put étreindre librement l'épouse spirituelle qui vieillissait chastement
à ses côtés, il ne fut donné à Liszt de sanctionner ses
fiançailles d'âme avec la princesse de Sayn-Wittgen-
stein. L'élan du sacrifice le jeta plus loin et plus haut
que la Musique et que Wagner, aux pieds de Dieu :
le voyageur chevaleresque, le virtuose acclamé, le
passionné romanesque, le chef d'orchestre, le polé-
miste, l'apôtre, tout se condensa, avec un magnifique
mépris de la gloire humaine, en un prêtre, en un
croyant qui écrivit la *Sainte-Elisabeth*, le *Christus*,
les *Légendes de Saint François de Paule*, *Du Ber-
ceau à la Tombe*, actes de foi déjà présagés par la
Messe de Gran; et en même temps il recommençait
les voyages d'Angleterre en Autriche, formait des
élèves, illuminait encore des âmes... Wagner n'était
plus. Ce fut après une audition de *Parsifal* et de
Tristan, dans le temple de son Fils, que Franz Liszt
défaillit et quitta le monde.

Il était glorieux. Il était méconnu. Voici plus de
vingt ans qu'il est mort et que nous travaillons encore
à déblayer les décombres superbes de la gloire des
autres sous lesquels son œuvre est enfouie; et c'est
lui qui avait exigé que tout cela croulât sur sa mémoire, et c'est lui qui s'était voilé. Car il voulut
servir et non être servi; et si sa mémoire nous par-
donne de contrevenir à sa sublime humilité volontaire, c'est que son œuvre est finie ici-bas, que son
Fils est reconnu, et qu'à présent il nous est permis de
faire ce qu'il ne fit jamais, de penser à lui-même.

Il a créé un monde musical, avec une inspiration

et une lucidité merveilleuses, il en a été l'architecte audacieux et sagace, et cependant personne n'a voulu s'en apercevoir, et on le jugeait sur quelques caprices de concert, et à présent encore, on agit parfois sans honneur à son égard, et l'Errant reçoit encore l'injure du passant incompréhensif. Il a voulu n'être qu'une base, cachée par toutes les constructions qu'elle a rendues possibles ; mais voici que sous la formidable assise soutenant tout l'édifice musical du xixe siècle s'ouvre à nous une crypte qui est une seconde basilique d'harmonie, et le jour qui y pénètre est moins puissant que le rayonnement mystérieux qui en sort. Le roi du piano n'est qu'un beau souvenir, l'Errant repose ; mais l'homme qui cacha ses chefs-d'œuvre commence seulement à vivre et à prévaloir dans l'univers.

A présent seulement nous savons qu'il fut un héros et un saint, et le plus grand démenti à l'égoïsme que puisse invoquer l'honneur éternel de l'écrivain, du musicien, du sculpteur ou du peintre.

La psychologie de Liszt dépasse l'art : elle est une valeur morale qu'un Carlyle, un Emerson ou un Nietzsche eussent pu célébrer. Elle s'élève à la signification d'un exemple humain. Voici l'homme qui fut charité et amour, qui ignora la haine et oublia son moi ; voici l'homme qui organisa un siècle d'art, donna un génie au monde, et mourut pieux et pauvre ; voici l'homme qui tut sa grandeur, et dont la bonté fut militante. Le *Christus*, les *Poèmes symphoniques* la *Messe*, la *Faust-Symphonie*, et tout le cortège opulent d'œuvres merveilleuses, appartiennent à la musique ; mais l'exemple de Liszt appartient à toute l'humanité. Que sont, dans le romantisme, les ambi-

tions avides et bourgeoises d'un Hugo, les rages et
les désordres d'un Berlioz, les indécisions et les fai-
blesses mélodieuses d'un Lamartine, les excès d'un
Musset, auprès de cette volonté armée, de cette acti-
vité ailée, de cette clarté d'âme, de ce génie qui
s'oublie et de cette abnégation qui veille à s'épurer
sans cesse ?

Il y a cette beauté plus archangélique qu'humaine
dans Delacroix pensif et taciturne; et lui aussi est
très supérieur au romantisme par la qualité de son
âme. Mais il n'a pas eu cette joie de créer du bonheur,
cette ivresse mystique de l'apostolat de Liszt, cette
faculté de traduire par des actes innombrables et
d'incessants bienfaits la sublimité de son cœur, la
ferme noblesse de son caractère. Le mot de Kundry,
ce n'est qu'un mot : mais Franz Liszt en a fait un cri
et l'a répercuté d'un bout de son siècle à l'autre, avant
de s'endormir, les mains jointes, comme un croisé de
l'idéal, avec le signe sacré sur la poitrine.

UNE CAUSERIE SUR CHOPIN [1]

....Je vous parlerai de lui, mais presque à demi-voix, comme dans l'appartement de quelqu'un qui souffre, rêve et a besoin de silence ; car nous sommes ici *chez lui*.

Il s'asseyait, pour jouer, là, presque à la place d'où je vous parle. Derrière cette porte il y a son modeste piano carré, et il y a, encadrées, des lettres de lui, tendres et éloquentes, écrites de sa fine écriture décelant ses mains fiévreuses que seul le frais toucher de l'ivoire pouvait calmer. Il a vécu ses plus chères heures dans cette salle, et dans ce foyer des artistes qui est simple, charmant, petit, et devrait être changé en un vaste palais si les grandes âmes qui y parurent devaient soudain réintégrer leurs corps toutes ensemble. C'était ici presque sa chambre. Il entrait par cette petite porte, certains soirs comme celui-ci. Il entrait lentement, en hésitant un peu : sa face pâle aux yeux bruns, aux lèvres minces, au nez impérieux, toute illuminée d'une génialité amère et toute baignée de rêverie indéfinie, apparaissait devant ces boiseries blanches et

1. A la salle Pleyel, lors du centenaire (1910) avec le concours de Raoul Pugno.

dorées. Il portait le grand habit romantique, le jabot, la haute cravate noire. Ses cheveux jetaient sur son front une ombre légère et mouvante, il s'avançait vers le piano entr'ouvert, et il était ainsi pareil au jeune Hamlet s'avançant vers le sépulcre.

Son âme est restée ici, comme un parfum impérissable. Il n'est pas un artiste qui, jouant ici, n'en ait éprouvé le magnétisme : et vous le ressentirez tout à l'heure lorsqu'au lieu de ma vaine parole cette âme vibrera sous les doigts subtils et puissants d'un des plus admirables successeurs de l'homme inimitable. S'il est au monde, en dehors de sa maison natale, un lieu où la piété des artistes veuille fonder un musée Chopin, nous sommes assurément dans ce lieu. A vingt-deux ans, pour la première fois de sa vie, Chopin se révélait dans une salle française, et c'était sur cette estrade. Il jouait son *concerto en fa mineur*, et à cette place où vous êtes, Mendelssohn et Liszt l'écoutaient et pressentaient son génie. Depuis, il revint ici bien des fois. Mais je ne veux retenir que la date du 22 février 1848, seize années plus tard. Ce jour-là était un anniversaire de la naissance de Chopin, il avait exactement trente-huit ans. Il avait connu la gloire, l'amour platonique pour Marie Wodzinska, la passion de George Sand, les mortelles semaines pluvieuses à Majorque, les soins et les querelles de la châtelaine de Nohant, toute la vie élégante, maladive et tragique... Il allait partir pour l'Angleterre. Il insistait pour faire ce voyage, exactement comme Watteau, à peu près au même âge et atteint de la même impitoyable phtisie laryngée, tint à aller à Londres d'où il ne revint que pour agoniser à Nogent. Tous les phtisiques se ressemblent par l'obstination à se nuire à eux-mêmes et par la passion des voyages fatals : et c'est un rapprochement bien étrange que ce désir de Chopin et de Watteau de passer la Manche en pleine saison des brouillards, dans ce même état qui eût dû leur donner le désir fou des palmiers, de l'azur et du soleil... Chopin donna ici son dernier concert. Mais il était si faible, déjà devenu son propre fantôme, qu'au sortir de cette séance où l'on venait d'acclamer l'expression délicieuse et déchirante de son génie, il chancela, sentit monter à ses lèvres la saveur affreuse du sang, la crispation de la toux inexorable, et tomba évanoui....

Peu de jours après, la révolution éclatait, le chant suprême du poète, emporté dans la rafale, ne devait plus s'entendre dans ce Paris qui l'avait adoré. Chopin allait revenir d'Angleterre sans y avoir réussi, loger chez des amis, déménager, ne se trouvant bien nulle part, aller du square d'Orléans à la rue de Chaillot et, de là, revenir place Vendôme, se mourant et le sachant mieux d'heure en heure. C'était la même fin que celle de Watteau, la même inquiétude nomade, les mêmes grands projets des phtisiques. Chopin mourait en parfumant son affreuse fièvre de l'odeur préférée des violettes, comme Watteau, à Nogent, demandait des roses avant de s'endormir. Au chevet de Watteau une amie et une artiste, l'Italienne Rosalba Carriera, dont il admirait les pastels, vint faire son portrait. C'est entre trois femmes, sa sœur Louise, la princesse Czartoryska et la comtesse Potocka, que Frédéric Chopin s'éteignit. La comtesse Potocka, auprès de son lit, chanta un air de ce jeune Bellini, son émule en génie et en phtisie, qu'il avait tant aimé. Le 17 octobre 1849,

à l'aube, Chopin mourait. Il eut de nobles obsèques
où retentit l'immortelle marche funèbre, extraite de
la *Sonate en si bémol mineur*. Delacroix suivit sa
dépouille, et dans la tombe ouverte auprès de celle de
Bellini fut jetée cette poignée de terre polonaise que
dix-neuf années auparavant les amis de Chopin lui
avaient offerte en une coupe d'argent à Varsovie,
avant son départ pour la France.

Il avait donc révélé ici son génie et prononcé ici son
adieu musical. A cette place même où Pugno et moi
mettons nos pas dans ses pas, s'est inaugurée et terminée sa vie artistique. Vous voyez bien maintenant
pourquoi c'était ici que je devais souhaiter parler de
lui, et pourquoi tout ensemble il me faut parler bas,
comme dans la chambre d'un malade — comme dans
le sanctuaire d'un dieu, avec piété, avec trouble....

Frédéric Chopin était un neurasthénique et un
phtisique. Voilà le fait brutal. Voilà pourquoi cet
homme extraordinaire est apparu et disparu comme
un météore. Mais cette maladie étrange, mystérieuse,
qui, plus que toutes les autres, influence l'âme et s'en
nourrit, ne doit pas nous donner le change sur la qualité du génie musical de Chopin et les directions générales de son art, qui a été la première révélation du
génie slave dans le romantisme français.

Chopin est beaucoup trop haut pour notre pitié, et
notre admiration vient tout juste à la hauteur de son
piédestal; nous pouvons le considérer, dans son génie
et sa maladie, avec cette sereine clairvoyance que

donne le recul de la gloire. Nous avons, sur la phtisie, d'autres notions que celles qui suffirent au romantisme à devenir de la romance, à s'attendrir sur de jeunes femmes amaigries, à auréoler de fins et plaintifs jeunes gens ténébreux et fatals, comme dit Verlaine,

« ... En leur frac très étroit aux boutons de métal. »

Et j'y insiste, non pour mêler du macabre à cette réunion, avec un goût que je serais le premier à trouver douteux, mais pour écarter, tout au contraire, certaines interprétations affadées ou maniérées qu'on a pu faire du génie de Chopin en songeant trop à sa courte vie de souffrances....

Phtisique, Chopin appartenait, par là même, à cette famille d'artistes admirables et exceptionnels qui, à travers les âges, nous ont apporté des chefs-d'œuvre qui ont aussi leur lien de parenté. Ce sont des êtres ennoblis par le double prestige du génie et de la douleur, éblouissants et fugaces ; pour n'en citer que quelques-uns, et sans même rappeler Raphaël, Musset, il y a Watteau, mort à trente-six ans ; Schubert, à trente-trois ; Albert Samain, qui mourut âgé d'un an de plus que Chopin, et cet extraordinaire dessinateur anglais, Aubrey Beardsley, mort, comme Novalis, Bonington et Jules Laforgue, à vingt-sept ans. Lorsque, après avoir lu ces dates, d'une précocité terrible sur les stèles de ces jeunes hommes, on examine leurs arts, leurs caractères et leurs existences, on aperçoit qu'ils furent unis par des affinités très profondes, et qu'ils se sont aimés et compris les uns les autres. On discerne très bien ce que la maladie a créé entre eux, une sorte de complicité auguste, une harmonie en présence de la mort imminente. Leurs arts peuvent être conçus très différemment; mais la maladie a identifié leurs âmes, et sa marque raffinée et cruelle est dans tout ce qu'ils ont fait et s'imprime avec la même force dans toutes leurs douleurs vivantes. Il y a, entre eux, une mutualité de souffrance, une collaboration prodigieuse de la maladie. Vous pouvez trouver, dans les dessins de Beardsley, la hantise des délicatesses crépusculaires de Watteau et l'ironie lyrique de Jules Laforgue, la rêverie métaphysicienne de Novalis et le rêve ailé de Mozart; en Samain, le culte de Watteau uni à l'ardente pureté mélodique de Schubert, en Schubert, l'âme de Mozart; en Mozart, l'âme de Watteau. Tous sont dans un, et un dans tous. Et ce ne sont pas les idées ou les techniques qui les rapprochent; c'est leur maladie, c'est cette maladie que l'on appelle la phtisie, neurasthénie ou consomption dans le langage médical, et qui, dans le langage des arts, s'appelle plus noblement la maladie de l'infini, la recherche de l'absolu.

Nous ne pouvons jamais préciser le degré où l'âme est altérée ou enrichie par cette maladie, par cette forme supérieure et idéologique du mal, lorsqu'elle se manifeste dans une nature très noble. Nous pouvons seulement dire que, dans une conscience d'élite, elle détermine une prédominance de l'idéalisme et une hyperesthésie de la sensation rare, qui ne sont vraiment de la maladie que pour les sots et les médiocres.

Ceux que je viens de nommer ont eu tous des âmes exquises : ils se sont brûlés obstinément à la flamme de l'idéalité. Ce sont les papillons consumant leur vol à la vitre des phares éternels dont parlait Baudelaire, de ces phares allumés dans la nuit des âges par les génies plus sains, plus puissants, mais moins pénétrants peut-être. Ils ont brûlé leurs vies si brèves avec un mépris admirable de la terreur : ils ont tous produit avec une hâte étrange, parce qu'ils sentaient qu'ils n'avaient pas le temps ; et ils ont lutté de vitesse avec la mort qui galopait à leurs côtés. Ils ont eu la compensation d'être investis dès l'enfance d'une maîtrise technique absolue, accordée par la pitié et l'ironie du destin à ces êtres qui ne devaient pas rester longtemps sur la terre : et cette précocité à de telles conditions prend vraiment, quand on sait leurs vies, une signification infiniment émouvante.

Chopin a été de ceux-là, comme pianiste et comme compositeur. Mais gardons-nous de le desservir, comme on ne l'a que trop fait, en reportant sur son œuvre la fausse poésie sentimentale et conventionnelle qui ne s'est que trop aisément attachée à l'idée que certain romanesque se fait du poitrinaire. Schumann est mort fou et a lutté toute sa vie contre l'hallucination ; mais sa musique n'était pas d'un fou. Chopin a lutté toute sa vie contre la tuberculose ; mais sa musique n'a rien de la mollesse, du maniérisme, du laisser-aller larmoyant, macabre et faussement touchant que le fâcheux souvenir de Gilbert, de Chatterton ou du jeune malade de Millevoye pourrait suggérer à notre esprit. Lui, si discret, si sobrement élégant, lui, le songeur raffiné, l'ami formé à toutes les délicatesses silencieuses du cœur, le dandy attentif

à cacher son mal et à mourir avec la plus digne simplicité, lui, que toute nuance outrée blessait, que ne
souffrirait-il pas en se voyant comparé, même dans
une bonne intention, à un de ces bellâtres pour qui
la pâleur était encore un fard et qu'on accoudait d'un
air fatal dans les lithographies décorant les couver-
tures de romances, tel qu'un musicâtre italien l'a
encore accommodé récemment, en une façon d'opéra
fabriqué avec des lambeaux de sa propre musique!

Lui, Frédéric Chopin, qui répétait toujours à ses
élèves d'étudier Bach et le prenait comme la substruc-
ture immuable de toutes ses fantaisies pianistiques,
lui qui, dans la malsaine Chartreuse de Majorque, où
l'imprudence de George Sand l'avait mené, n'avait
voulu emporter, pour toute musique, que les œuvres
de Bach, que n'eût-il souffert en voyant des générations
de petits prodiges incorporer leurs rêveries naïves à sa
grande et ferme douleur, et l'accommoder d'un *rubato*
perpétuel! Rappelez-vous la phrase qu'a écrite Liszt
sur lui, en un essai plein d'enthousiame :

« Toute son apparence faisait songer à celle du
convolvulus, balançant sur des tiges d'une incroyable
finesse leurs coupes divinement colorées, mais d'un
si vaporeux tissu que le moindre contact les déchire. »

Voilà l'homme, qu'on offenserait en en faisant un
Slave câlin et précieux aux pâmoisons élégantes ; et
quant au musicien, rappelons-nous le cri de Schumann, son admirateur ardent et un de ses premiers
révélateurs :

« Les *Polonaises* de Chopin, ce sont des cancas
cachés sous des fleurs ! »

N'oublions jamais que ce génie de la nuance a été

constamment un grand rythmeur, un musicien patriote profondément caractérisé, dont les plus subtiles
recherches de dissonances, les successions d'harmoniques les plus rares étaient sans cesse soutenues par
un accent et une rythmique d'une énergie très saine,
en un mot, au lieu de s'acheminer vers les caressantes
et un peu veules inflexions d'un Grieg, la musique
de Chopin, qui présage Borodine, se fait gloire du
droit suprème de remonter à Bach. Pour jouer et
aimer Chopin sans le trahir, ceci ne doit pas être
oublié. Ecoutons ce qu'en dit Delacroix, en une note
d'agenda prise environ un an avant la mort de son
ami : « ... Chopin m'a parlé musique. Je lui deman-
dais ce qui établissait la logique en musique. Il m'a
fait sentir ce que c'est qu'harmonie et contrepoint :
comme quoi la fugue est comme la logique pure en
musique, et qu'être savant dans la fugue, c'est connaître l'élément de toute raison et de toute consé-
quence en musique.... La science envisagée ainsi,
démontrée par un homme comme Chopin, est l'art
lui-même et, par contre, l'art n'est plus alors ce que
croit le vulgaire, c'est-à-dire une sorte d'inspiration
qui vient je ne sais d'où, marche au hasard et ne
présente que l'extérieur pittoresque des choses. C'est
la raison elle-même ornée par le génie, mais suivant
une marche nécessaire et contenue par des lois supérieures. » Cela résume l'entretien de deux romantiques qui furent deux grands classiques. L'une des plus
choquantes erreurs qu'on ait commises en étudiant
Chopin a été d'essayer d'atteindre à son sentiment,
à son atmosphère particulière, en forçant la mesure,
en feignant un laisser-aller et un désordre qui préten-

daient imiter la fantaisie et la liberté de son inspiration. On n'a abouti ainsi qu'à la caricature, au démembrement de sa musique.

La meilleure méthode pour s'identifier au sentiment de Chopin, c'est de respecter et d'approfondir son rythme, qui est tout dans son art, c'est de se défier de tout excès de nuances capable de faire fléchir la ligne souple et nerveuse, capricieuse, certes, mais extrêmement résistante, de sa mélodie. C'est, enfin, d'être simple, direct, précis et maître de soi comme il l'était lui-même dans son jeu dédaigneux des effets. Précisément parce qu'il est très subtil, aucun maître n'exige plus de simplicité.

On a trop dit, vraiment, qu'il fut le musicien idéal des mondains, enivré d'élégances, et, avant tout, préoccupé de plaire aux âmes des femmes délicates. Cet homme, qu'on jugeait à peine utile de jouer en mesure, dont on plaçait les œuvres sur tous les pianos parmi les romances en vogue, dont les précieuses languissantes jouaient les valses, les *Mazurkas* et les *Nocturnes*, de préférence au clair de lune, avec des *rubatos* et des *rallentandos* amoureux et ridicules, cet homme était, en réalité, le maître énergique et puissant des *Ballades*, le coloriste et l'animateur intense des *Scherzos*, nerveux et souples comme les danses russes. Il était le patriote exilé, au cœur mordu d'un regret éternel, sachant donner à ses *Polonaises* un accent de fureur et d'héroïsme farouche, que seul le Henri Heine des derniers poèmes a su trouver entre deux strophes de grâce ou d'ironie. Il était, par ses *Etudes* et ses *Préludes*, le créateur de la plus belle série de modèles techniques formulée depuis le *Clavecin bien tempéré*, de Jean-Sébastien Bach, et dans un sens tel que, même avec la musique de piano de Schumann, l'histoire musicale du xixe siècle ne saurait se comprendre sans lui. Il était, enfin, le réalisateur de ce poème macabre en quatre chants, qui s'appelle la *Sonate en si bémol mineur*, et qui est une des œuvres écrasantes de la musique. Il était l'inventeur d'une musique de piano d'une composition décorative et d'une puissance subjective également extraordinaires. Il avait révélé, dans son époque et dans son art, un style inconnu, et, si l'on voulait trouver un nom équivalent au sien, pour définir sa morbidesse, sa perfection de forme, sa grâce douloureuse, mais, en même temps, la force, la plénitude de son accent et de sa ligne, ce n'était pas trop que de le nommer un Botticelli musical.

Pour l'artiste de Florence comme pour le musicien slave, une grande erreur a trop longtemps été commise. Il est temps qu'ils cessent d'expier par le pire des supplices intellectuels, par l'admiration maladroite des maniérés, la distinction hautaine de leur charme, qui ne fut d'abord que le régal des plus profonds mélomanes et des plus sagaces connaisseurs d'art. Sandro Botticelli et Frédéric Chopin, frères en phtisie et en génie, n'ont jamais été des décadents, des pervers, des langoureux et des affectés que dans l'esprit des snobs, dont la tardive admiration a compromis leur œuvre, après que leur incompréhension l'avait reniée. La vierge aux yeux provocants, la valse aux veules pâmoisons, ne sont pas plus Botticelli et Chopin que les biscuits de Sèvres ne sont Watteau, mais seulement

les caricatures de ces maîtres, tout comme les romans
sentimentaux et analytiques de nos plus célèbres
faiseurs ne sont que la caricature de Stendhal. S'il y a
des traces d'affectation dans les valses de Chopin (les
plus jolies valses du monde, pourtant !) si quelques
Nocturnes ne sont guère que des élégies, si les préoccu-
pations de pure virtuosité pianistique apparaissent
parfois avec un peu trop d'insistance, il suffira de
songer aux dates où cette musique se révéla, créée par
un enfant qui s'était formé seul, dans la campagne
polonaise. Il suffira de songer que ces traces d'affectation et de virtuosité attestent quand même, dans la
production contemporaine, une simplicité et une
sincérité que, seul, Schumann allait égaler, auprès de
la prétention, de la superficialité et du mauvais goût
d'un Field, d'un Kalkbrenner ou d'un Thalberg. Il
suffira, enfin, de penser que Chopin fut, très jeune,
l'idole d'une petite société de femmes aristocratiques
et précieuses, pour s'étonner, au contraire, que cette
existence, plus dangereuse que sa maladie même, ait
laissé presque absolument intacte la qualité virile de son
rythme et la fermeté de son génie. Pas plus que Watteau n'est un peintre de scènes galantes, un Lancret
plus doué que Lancret, Chopin n'est le charmeur fac-
tice, névrosé et câlin d'une élite dégénérée et luxueuse.
Il en aimait le décor et le cadre, mais il y passait,
sombre et doux, brûlé par la consomption et le génie
qu'il portait dans sa poitrine.

Et d'ailleurs, cette société de George Sand, de Mme
d'Agoult, de la princesse de Belgiojoso, de la princesse
de Wittgenstein, de Mlle de Meysenbug, cette société de
femmes passionnées et sérieuses qui recevaient Dela-

croix, Chopin, Musset, Liszt, avec Pierre Leroux, Ba-
kounine ou Louis Blanc, était un milieu qu'on n'a pas
encore reconstitué, auquel nous ne pouvons rien comparer, une serre chaude d'idées artistiques et politiques
bien plus qu'une réunion d'oisiveté galante. Chopin,
peu lettré, et ne visant nullement à être un « intellectuel, » — quoiqu'on le fût bien plus avant que le
mot ne fût inventé, — Chopin ne cessa jamais de vivre
là sans facticité.

Il est le créateur prestigieux de la *Ballade*, en même
temps que Liszt, et, autrement, il est le révélateur,
par ses *Mazurkas* et ses *Polonaises*, d'une des formes
les plus typiques du génie slave ; par ses *Etudes* et ses
Préludes, il est le continuateur de Bach et sa transition
à l'art romantique de Schumann et de Liszt. Voilà le
véritable Frédéric Chopin, et non point le pianiste,
délicieux d'ailleurs, des *Valses*, des *Impromptus* et de
certains *Nocturnes*. Et, par ses *Sonates*, il est un des
plus grands poètes de l'angoisse et du fantastique qu'on
puisse placer entre Edgar Poë et Baudelaire. Voilà ce
qu'il faut nous dire de cet expressif, presque effrayant
parfois.

Toute une part de son œuvre est morte pour nous :
c'était l'œuvre qu'il avait accomplie sur lui-même.
C'était son jeu, c'était son magnétisme personnel,
c'était sa mélancolie angélique et suprême, c'était
l'indicible attrait de son âme éperdue d'un éternel
crépuscule, c'était l'union de cette âme avec le piano,
à un degré que personne au monde ne retrouvera
peut-être jamais. Mais tout cela dort dans ce cercueil
d'ébène, pareil à ceux qu'on fait pour les souverains. Il
ne nous reste que l'œuvre : défendons-la contre des

hommages plus blessants que des critiques, ne laissons pas se mêler à la grande brise des plaines polonaises qui passe dans cette musique, l'odeur fade des parfums de mondaines ou l'arome des pensionnats. La tristesse de Watteau n'est pas bonne à décorer les écrans, les larmes de Chopin ne sont pas de celles que peut sécher la poudre de riz; l'éventail des élégantes n'est pas plus capable de rafraîchir ce front enfièvré de douleur et de génie que le front lui-même du phtisique Alfred de Musset. Nous n'honorerons jamais mieux cette mémoire qu'en répétant que, pour interpréter et pénétrer une telle œuvre, il faut avoir souffert, il faut avoir risqué sa vie morale, il faut avoir accepté le grand élan qui brise et la grande retombée dans l'éternel silence; l'art de Chopin est une fleur que l'on ne peut cueillir qu'au bord d'un abîme presque aussi effrayant que celui que Pascal voyait sans cesse ouvert à ses côtés; et celui qui ose vraiment cueillir de telles fleurs en se penchant sur un tel gouffre sent bien qu'il serait offensant de les mettre à sa boutonnière avec un geste joli. On ne pose des fleurs semblables que sur le front d'un être qu'on aime ou sur la tombe d'une affection inoubliée.

Delacroix qui fut l'ami le plus intime peut-être de Chopin, parce qu'il savait comprendre toutes ses énergies intérieures, — lui qui s'y connaissait en énergie et en silence, — Delacroix qui l'aimait et était un peu, auprès de lui, comme son Horatio, l'a peint comme un Hamlet sans épée; et peut-être la figure du jeune Slave l'a hanté lorsqu'il a fait plusieurs versions différentes de ce jeune prince de Danemark dont l'énigme le hantait sans cesse. Et, en effet, Chopin n'est point un bellâtre ni un faible, mais un énergique et un triste, un Hamlet exilé dans l'île de Prospero. Sa musique nous dit cela. Mais lui ! Lui, songez qu'aucun de nous ne l'a jamais entendu, et que son prestige personnel fut inouï. Il fut un de ces êtres dont le charme magique fait d'eux-mêmes leur plus belle œuvre, et qui ne sont qu'à demi explicables, si on ne les a pas connus ! Mais nous avons la maladie de Chopin comme douloureux moyen de nous l'expliquer tout entier. Elle peut nous dire ce que cet Hamlet de la musique, avec une lassitude suprême, cachait ou laissait entrevoir de son âme.

Les divisions de l'œuvre de Chopin, de cette œuvre si restreinte et si vaste, sont étrangères au mode habituel des divisions de genres en musique. L'erreur sentimentale dont je parlais, naguère, a été accentuée du fait que la musique de Chopin s'est avancée, quoique restant de la musique pure et, par instants, divinatoire de l'avenir, jusqu'à ce seuil troublant où la poésie s'enlace à la musique, seuil où les musiciens professionnels hésitent de mauvaise grâce, mais où les poètes attendent toujours de voir se produire l'union miraculeuse des deux anges. Chopin a délibérément conçu et titré ses œuvres comme des poèmes, ainsi que Whistler devait le faire plus tard en transposant, d'ailleurs, dans son langage de magique coloriste, les harmonies et les *Nocturnes* de Chopin. Les *Nocturnes,* les *Ballades,* les *Polonaises,* les *Mazurkas,* les *Valses,* les *Etudes,* les *Préludes,* les *Scherzos,* la *Sonate,* sont, avec une indépendance

et une audace absolues, l'histoire d'une vie lyrique,
les chants d'un poème que j'oserai appeler le plus
beau poème pour âme et piano qui ait jamais été
écrit.

C'est le poème d'une âme brisée, comme l'*Inter-
mezzo* de Heine, comme la musique de piano de
Schumann. Schumann obtint sa fiancée, mais après
sept années de mortelle angoisse dont son âme ne se
releva jamais. Chopin, à vingt-six ans, aima et demanda la main de Marie Wodzinska, qu'il avait
connue enfant. On la lui refusa. Depuis, sur le pa-
quet de lettres des Wodzinski, relatives à cette union
manquée, on trouva écrits de sa main, ces deux
mots polonais : « *Moïa Bieda* » (Mon Malheur). Ne
cherchons pas davantage : voilà l'épigraphe de toute
la musique de Chopin, le vrai titre du poème immortel.

L'ensemble de ce poème pour piano, unique au
monde, apparaît, au milieu de la cathédrale de la
musique, des nefs majestueuses de Bach et de
Beethoven, des chœurs de César Franck, des cérémonials somptueux de Wagner et de Liszt, comme une
merveilleuse et impalpable verrerie de Venise irisée
de sonorités délicieuses. C'est le calice essentiel de
l'art raffiné, illuminé, dans le couchant du soleil
romantique, d'un rayon vert d'une imprécise et
divine pâleur. Cette phrase de Chopin qui traverse le
romantisme comme une princesse en deuil traverse-
rait une fête guerrière, comment la définir? Elle a
fleuri sur la tombe où dorment les trois secrets du
génie de Chopin, l'amour brisé, le patriotisme vaincu,

la maladie inexorable. Créature irréelle et divine, elle a eu des sœurs à travers les âges, comme le génial malade eut des frères éternels. C'est la *Primavera* de Botticelli ; c'est la *Femme inconnue*; c'est la pâle *Lucrezia* de Bronzino qui nous regarde si profondément aux Uffizi de Florence ; c'est la beauté ténébreuse où Prudhon aima tant mélancoliser le souvenir des grâces du Corrège.

Comment définir le paysage immatériel où l'on entend se plaindre et soupirer les *Nocturnes* avec la douceur affreuse des gémissantes tourterelles ? Ce sont les bouquets d'arbres et les lointains vaporeux où Watteau a su, à force de mélancolique génie, signifier la tristesse la plus intense par la suavité même du bleu ciel. Les vivants fantômes de Whistler y laissent deviner leurs silhouettes fébriles. C'est le pays exceptionnel dont parle Shelley, « où la musique, le clair de lune et le sentiment sont une seule et même chose ». Et ce sont de prodigieuses rondes, de sinueuses volutes de formes exquises, des chœurs mélodieux soudain suspendus en une attente mystérieuse, des sourires épars, des inflexions indicibles, des bruissements et des souffles confusément alliés, un monde de beauté indéfinie, lasse, caressante et splendide, jusqu'à ce que la clarté de l'aube interrompe ce délicieux sabbat, dont ne persiste, dans les prairies de pâleurs célestes, qu'un fluide groupement d'or, de nacre, de turquoise et d'indéfinissables roses. Nous sommes là en marge du paysage romantique, des robustes futaies de Théodore Rousseau, des orages sulfureux de Delacroix, des tempêtes orchestrales de Berlioz et de Liszt. Nous sommes dans une nuit inerte, dans un parc silencieux. Au tournant des allées, l'odeur des fleurs invisibles rencontre le promeneur taciturne. Toutes les étoiles sont absentes. Alors, la phrase typique des mélodies de Chopin surgit avec lenteur du sein d'un bosquet, comme une femme aux voiles traînants, svelte, grande, légère, vaporeuse. Elle a le visage inexprimable des mortes chastes et surnaturelles d'Edgar Poë; c'est Ligeïa, c'est Madeline Usher, c'est Bérénice; elle passe, elle rêve, elle soupire avec douceur, puis, tout à coup, elle tord ses bras au dessus de sa tête en un geste de douleur, d'appel et d'adieu, et elle disparaît dans un sanglot d'arpèges, ne laissant de sa vision d'autre témoignage que, sur le sable de l'allée mystérieuse, une perle de son collier ou une rose de sa ceinture...

DEVANT LA TOMBE DE CHOPIN
1810-1910

Un des traits les plus frappants de son art, c'est qu'il a énormément emprunté au peuple. Avec des mazurkas, des valses et des ballades, issues du génie plébéien d'une race persécutée et misérable, Chopin a immédiatement acquis en France le renom d'un aristocrate rafiné et suprême.

Certes il a fallu pour cela la haute distinction de l'homme, la magie de son jeu, le charme des rythmes slaves apportant dans le romantisme une note insolite et captivante. Mais il a fallu surtout la piété passionnée du musicien à l'égard de sa patrie. Il y a en Chopin le maladif et mélancolique amoureux, et le patriote déterminé à élever le folk-lore polonais au rang des grands chefs-d'œuvre. Pendant de longues années on n'a voulu songer qu'au Chopin du cénacle Sand, au dandy douloureux. C'est maintenant qu'on aperçoit pleinement l'importance de l'autre Chopin, du Slave exilé. On peut dire que plus on étudiera non seulement Borodine et Moussorgsky, mais encore Smetana, Dvorak, Liszt, l'art hongrois et l'art tchèque, plus on modifiera la physionomie primitive qu'une fascination exquise nous a fait prêter à Chopin ; et sa gloire n'en sortira que plus authentique et plus grande.

Chopin, dans sa personnalité comme dans son art, a été considéré jusqu'ici comme un phénomène isolé. C'était une figure représentative pour les poètes autant que pour les musiciens ; et cette figure était celle d'un souverain, d'un jeune Hamlet traversant le romantisme. Elle réunissait tous les dons qui méritent un culte dans une chapelle spéciale : le prestige d'un charme personnel qui a enthousiasmé les contemporains, l'attrait d'un jeu qui semble bien avoir été inimitable, l'auréole de la plus intellectuelle des maladies et d'une mort prématurée. la révélation d'une musique exceptionnelle qui portait d'un seul coup à son plus haut degré l'art intimiste, l'art du subjectivisme le plus intense, et enfin la concentration de cet art sur un instrument auquel rien de semblable n'avait jamais été demandé. La figure ainsi constituée se présentait avec une originalité tellement insolite et apparaissait si parfaitement cohérente qu'elle dépassait la réalité et se classait d'emblée parmi les plus attirantes figures du roman. Elle en avait le style, le mystère et la séduction. En elle, plus peut-être qu'en tout autre, l'homme et le musicien s'identifiaient indissolublement et le tout formait un rêve vivant, une entité, à tel point qu'on ne rechercha pas sérieusement les rapports de Chopin avec l'évolution musicale de son siècle. Il semblait logique et il était plus agréable de l'envisager comme un être inclassable. Et c'est de cette idée que devaient naître à la fois l'adoration fidèle et l'admiration maladroite dont sa mémoire et son œuvre ont été et sont encore l'objet.

Cet art divin et fragile peut nous provoquer à d'utiles comparaisons. Nous savons aujourd'hui qu'il y a plusieurs Chopin, non seulement, certes, au point de vue des divers genres qui ont sollicité son attention de musicien, mais encore et surtout au point de vue de ses divers états psychologiques. Assurément le déraciné, le phtisique, l'amant malheureux, le raffiné au grand cœur qui a écrit les *Nocturnes* est le plus connu, parce qu'il se reliait à l'idéal romantique, et que son sentimentalisme élégant, élégiaque, subtil et morbide, répondait pleinement aux désirs d'une société restreinte. Mais le musicien préoccupé de donner une solide base classique à ses compositions les plus troublées, le professeur qui recommandait, comme Schumann, l'étude de Bach encore et toujours, le compositeur ferme, puissant, en pleine maîtrise technique, des *Etudes* et des *Préludes*, est beaucoup plus éloigné des aspirations et de l'attention de cette société, qui chérissait déjà en lui un prototype des plus prenants « décadents ». Le grand écrivain hautain et tragique de la *Sonate en si bémol mineur* est encore plus loin d'elle ; et on peut enfin dire que cette société, abusée par quelques concessions pianistiques que la mode arrachait à Chopin, n'a rien compris au vrai sens de son œuvre slave, c'est-à-dire des *Ballades* des *Mazurkas*, des *Scherzos* et des *Polonaises*. C'étaient pour elle les marques superficielles d'un artiste étranger apportant à son exhibition un peu de couleur locale pour se faire bien venir, et gardant pour ainsi dire la joliesse amusante et voyante du costume national.

Une tout autre pensée hantait Frédéric Chopin,

et Schumann a été le seul à la deviner et à l'exprimer avec force : Chopin a été un dandy et un sentimental, un élégant et un souffrant; mais rien, ni son art, ni ses succès, ni ses amours, ni sa maladie, ni son adoption par la France, n'a pu faire passer au second plan sa préoccupation obsédante, essentielle : le patriotisme. Son idée fixe a été de servir sa patrie selon ses forces et ses aptitudes en faisant accorder droit de cité dans l'Europe occidentale au génie slave que la coalition germanique semblait décidée à étouffer. C'est pourquoi il est allé droit au peuple, et a fait du folk-lore polonais le motif constant de ses inspirations. Il ne s'agit pas du caprice d'un artiste utilisant parfois des thèmes de savoureuse naïveté : l'examen de l'œuvre montre qu'il y a là une volonté préméditée et soutenue.

Comment donc une telle œuvre plébéienne eût-elle pu apparaître dans son vrai sens à un public qui restait fasciné par l'aristocratisme de son auteur? On peut dire que sur ce point-là Chopin, si fêté, est resté incompris, tandis que Liszt obtenait avec ses *Rapsodies* un succès facile pour une intention analogue aux siennes, mais réalisée plus bruyamment et plus superficiellement. Les *Nocturnes*, qui sont la part subjective et, si je puis dire, « déracinée », de l'œuvre de Chopin, ont donné le change sur le reste de ses créations. Tout l'effort de l'artiste a été de transposer l'art populaire slave, de lui donner une forme châtiée et universellement compréhensible, de tenter en un mot ce que Rimsky-Korsakow songea bien plus tard à faire pour les thèmes russes, mais avec une malencontreuse intention professorale que Chopin n'eut jamais.

Si l'on recherche, dans son œuvre, les caractéristiques du slavisme, on l'apercevra comme une vaste série de lieder sans paroles : si l'on étudie un folk-lore entre tous inconnu et pourtant non des moins beaux, celui de la Slovaquie, on sera très frappé d'y trouver des thèmes dont l'inspiration est toute proche de celle des *Etudes* et des *Mazurkas* : si l'on songe alors à Smetana, à Dvorak, à Moussorgsky, à Borodine, aux lieder petits-russiens, on sera amené à considérer Chopin comme le premier importateur de la sensibilité slave dans l'art occidental, et à le voir surtout à ce point de vue. Ce slavisme explique toute sa musique : il explique également, au moins autant que la phtisie et la neurasthénie, toute la psychologie de l'homme privé, son charme inquiétant et mystérieux. La vie française n'a rien pu faire pour son assimilation, elle n'a pu le naturaliser : il est resté ici l'Orphée d'une race écrasée et infiniment douloureuse, inconsolable de son Eurydice perdue.

C'est là la substruction de son génie. Le miracle de son art, c'est d'avoir prouvé, avant Schumann, avant Heine, que l'inspiration la plus nettement populaire peut donner la sensation du raffinement suprême, et que l'état d'âme de malheureux paysans peut contenir en puissance les émotions intellectuelles les plus complexes et les plus rares, et devenir la nourriture de l'élite. Cette inspiration fait que la musique de Chopin ne contient aucun élément de dégénérescence et garde sous ses arabesques pianistiques une ligne souple et solide, une « santé harmonique » et une extrême vitalité mélodique, toutes les qualités d'un merveilleux langage émotionnel.

Cette musique n'est pas plus celle d'un phtisique que celle de Schumann n'est d'un dément ou, si l'on veut, que la psychologie de Dostoïevsky n'est purement celle d'un analyste des anomalies de conscience. C'est la musique d'une race dont la sensibilité déconcerte la nôtre, et qui vit à l'aise dans cette atmosphère que nous jugeons étouffante et terrible. Assurément Chopin a traduit ses douleurs : mais nous ne saurons jamais distinguer entre celles qu'il a éprouvées et celles qu'il a imaginées, celles qui forment le fond du slavisme et qui ont quelque chose de purement métaphysique. Cette race est si étrange ! Elle met de la désespérance et de la fureur dans une mazurka, et du caprice ironique dans un nocturne, sa grâce est farouche, et sa révolte psalmodie des hymnes. Combien cet homme fut un grand peintre, et avec quelle force il nous restitue son modèle ! De tous ceux qui, Russes, Polonais ou Hongrois, Moraves ou Tchèques, nous ont parlé de l'âme slave par la sonorité, il reste jusqu'ici le plus éloquent, et en tous cas celui qui nous en a donné l'idée la plus frappante, et nous en a le mieux éclairé la complexité, tant il a su en rassembler les caractéristiques dans son cas individuel, et faire de sa race, de sa musique et de son mal un faisceau vigoureusement lié....

Et puis qu'importe ? Et tout cela est littérature. Par l'alchimie de la douleur, le patriotisme de cet être extraordinaire est devenu l'expression d'une nostalgie universelle ; et ce malade qui pleurait son pays nous a parlé, par l'allusion de ses musiques désespérées, de toutes les patries idéales que chacun de nous regrette en lui-même, de ces prairies célestes où se promènent nos rêves, et dont la hantise constitue ce que nous appelons le désir de l'infini. C'était le moins décadent des hommes. Tout, en lui, était clair et pur, et en lui la souffrance créait de la lumière. Son art était simple et fort, sa discipline sincère, sa création toute de cœur. Il est un des plus poignants élégiaques qui aient jamais confié à la pitié humaine quelques-unes de ces émotions essentielles où elle se mire et s'alimente — et voilà sa récompense posthume : nous sommes tous de son pays, lorsqu'il nous en parle. Sa puissance de suggestion est instantanement merveilleuse ; il nous conduit où il lui plaît ; d'un geste il nous fait passer du réel dans l'imaginaire. Aucun slave n'a exercé sur nous à un si étrange degré ce doux et invincible pouvoir. On ne le comprend, on ne le joue bien que par l'amour : il faut l'aimer, même au-dessus d'admirations plus grandes et de réserves techniques légitimes. Il faut l'aimer, parce qu'en sa voix sanglotante on entendra jusqu'à la fin des siècles et tant qu'il existera une musique, le timbre de l'amour lui-même....

A PADEREWSKI

(Printemps 1919).

Mon hommage lointain va vers vous, Paderewski, vers le couronnement harmonieux de votre belle, passionnée et tragique existence.

Je ne vous ai plus revu depuis les après-midi heureuses où, l'année qui précéda la grande guerre, nous errions dans les jardins de votre seigneurial domaine de Morges. Adolescent, je vous avais applaudi tant de fois sans savoir que je vous connaîtrais personnellement un jour : et ce jour était pourtant venu. Le charme d'une femme exquise rehaussait celui de votre hospitalité polonaise. Au seuil de votre demeure fleurie, sur le large perron où la changeante clarté ouvrageait le reflet doré des feuillages, vous vous teniez, vêtu de blanc. Le soleil illuminait vos épais cheveux roux, vos yeux de feu clair, et ce visage tourmenté, pâle et fin dont un dessin de Burne Jones redira parfaitement la noblesse et l'étrangeté. Nous parlâmes de Beethoven et de Chopin. Votre jeu splendide les évoqua glorieusement dans le crépuscule. Tout était faste, douceur, amitié, rayons. Le Léman bleu s'étendait devant nous....

Il y a une épigraphe à votre vie, Paderewski : et c'est dans les écrits de notre cher Schumann qu'il faut la lire. « Les *Polonaises* de Chopin, ce sont des canons cachés sous des fleurs! ». Je songe à vous intensément, au symbolisme parfait qu'il vous aura été donné d'incarner en votre personne, en votre art, en votre action artistique et sociale de croyant et de voyant.

Vous avez été l'interprète incomparable de Chopin, votre aîné, votre frère de race et de destinée : comme à lui, la gloire vous a souri dans le vaste monde; comme lui, vous êtes un ardent patriote. Mais vous connaissez la joie qui lui fut refusée, refus qui l'a tant aidé à défaillir et à mourir. Vous assistez à la libération et à la résurrection de votre mère commune, à laquelle vous vous êtes donné tout entier. Vous avez, pour elle, dépensé les fortunes que votre génie de virtuose avait recueillies, et cette même prodigalité que Liszt avait montrée pour servir l'art en chevalier errant de l'idéal, vous l'avez consacrée à la Pologne pantelante. Vous avez dressé à Cracovie le monument somptueux de l'héroïsme polonais, devant une foule tremblante de joie, et devant les policiers de l'oppresseur, blêmes de rage, en annonçant que ce monument était édifié grâce à l'argent de vos concerts chez les Barbares. Vous avez, dès le crime allemand, quitté le clavier : frémissant d'espoir et d'angoisse, vous fûtes une fois de plus le voyageur qui franchit l'Océan, non plus en virtuose, mais en orateur, en apôtre, en chef, convainquant les hommes d'Etat, levant les légions, faisant tout plier sous la violence du génie d'altruisme qui brûlait en vous.

Ils n'ont pu qu'à peine essayer de ricaner, les scep-
tiques, en murmurant : « Bizarre époque, où les pianistes s'improvisent ministres ! ». Ils ne savaient pas.
J'ai été de ceux qui ont su, — et presque malgré vous
parce que vous avez œuvré en silence — par quelle
lente et scrupuleuse préparation secrète l'effet de votre
énergie a paru jaillir dans la stupeur. Vous nous avez
un peu trompés, Paderewski, durant cette longue
suite d'années d'avant-guerre où, célèbre, adulé, vous
sembliez tout occupé de votre art. L'idée fixe et unique
de la libération nationale était le cœur brûlant de
votre rayonnement musical dont l'éblouissement vous
donnait le change. Art et politique n'étaient pour vous
que masque éclatant sur visage douloureux. Vous
avez magnifié Chopin par le verbe autant que devant
le piano, et vous avez un jour dit de lui : « Il fut le
génial contrebandier qui, dans les feuillets de sa musique, fit s'envoler par-dessus les frontières le polo-
nisme prohibé ». Dans l'écart de cette phrase et de celle
de Schumann à laquelle elle répond, se révèle la
mesure précise de votre action. Là gît le secret du con-
vertissement de votre sensibilité délicieuse et poignante en claire, enthousiaste mais logique énergie.
Vous n'avez rien improvisé : votre rôle était étudié et
su dès longtemps. Missionnaire, contrebandier vous
aussi, et plus que le pauvre pulmonique tendre, las
et trahi par son corps, vous étiez prêt au « vol par-
dessus les frontières ». Le sens profond des pauses et
des rythmes s'est transmué chez vous en sens parfait
de l'opportunité des mutismes, des attentes, des inter-
ventions et des heures décisives.

Vous avez démenti la désespérante déception de

Baudelaire en prouvant que l'artiste peut et doit rester dans un monde où, s'il le veut, l'action sera la sœur du rêve. Vous avez réalisé ainsi la visée de Frédéric Chopin. Vous êtes *l'homme qui a rejeté les fleurs cachant les canons !* Et l'image est tragiquement exacte en un temps où le hideux « camouflage » bariole de zébrures et déguise sous les branchages les dogues d'acier aboyant à la mort ! Des *Polonaises* où s'exhalaient l'amour impuissant, l'espoir bafoué, la colère, la vengeance de l'exilé phtisique, il vous a été donné, Paderewski, de faire, soixante-dix ans après sa mort, des actes triomphants. Vous êtes entré à Posen au soleil de midi, dans une calèche découverte traînée par des chevaux blancs, offrant la mire de votre tête d'or aux balles allemandes, dans la clameur d'une nation resurgie et éblouie : et de ceci, Delacroix eût fait une esquisse ! Une beauté vous récompense, celle-là qui a fait du poète Gabriele d'Annunzio le tribun du Capitole et l'aviateur de Trieste, celle qui a fait de mon ami Stefanik, astronome et métaphysicien, un simple soldat de notre front devenu en quatre années un général français et un assembleur des foules de la guerre, avant de tomber du haut du ciel sur sa patrie libérée comme la vôtre. Honte au sourire des incroyants et des sots ! Je ne veux chercher que dans mon cœur, Paderewski, le devoir et la joie de vous dire fièrement merci pour avoir reflété sur nous tous artistes, relégués, sacrifiés et réduits au silence en cette époque de fer, de feu et de sang, le prestige d'une grandeur dont une étincelle brille pour chacun de nous !

Que de fois j'ai aimé à vous supposer, Paderewski,

penché sur le long sarcophage d'ébène, évoquant au moins la voix de votre patrie, seule survivante à sa forme prisonnière des bandelettes funéraires ! Et l'attente était longue et amère, et souvent, si tenace que fût votre foi dans le réveil de l'aimée, vous deviez souffrir l'agonie de ces heures sans nom où le plus fervent n'en peut plus... Mais à la fin cette Ligeia en son suaire, cédant à votre obstination incantatoire, s'est soulevée — et vous l'avez tenue entre vos bras éperdus ! O minute hors du temps, palpitante et sans prix !

On prétend, ami, que vous ne jouerez plus, que nous ne vous entendrons plus, que vous en avez fait le vœu, trouvant la patrie et ses soucis plus grands que la musique et ses joies ; satisfait d'avoir restauré un double idéal, celui de la liberté de votre race et celui de cette nation des artistes que votre rêve et votre acte rétablit dans le haut exemple de sa dignité d'aristocratie, vous n'ambitionneriez plus que le silencieux repos qui se souvient....

Je vous imaginerai pourtant, un soir futur, dans votre domaine de Morges, seul dans le hall où le piano, noir cénotaphe sonore, résorbe les ombres qui l'environnent et attend d'en révéler les sanglots immanents. Vous êtes sans lumière et seul. La Pologne rétablie et le sentiment du devoir obéi se partagent votre cœur, égal à son fier destin. Votre chevelure d'or pourpre est maintenant presque toute d'argent. Dans les ténèbres, vos regards devinent deux effigies : celle de votre enfant perdu à vingt ans, auquel vous aviez rêvé de confier la mission que vous avez reprise, et celle de Chopin. Vous interrogez, glorieux et triste, ces deux fantômes. Et alors vous rejouez, comme on prie, comme on consulte l'oracle, les *Polonaises*. Dans leurs rythmes pressants et terribles vous retrouvez les rumeurs de la bataille. Le temps ne compte plus. Par l'effet d'une mystérieuse synchronie, vous voici devenu Chopin lui-même, Chopin touchant au but après un siècle, Chopin exaucé, vengé, tressaillant de bonheur dans sa tombe — et s'en relevant pour chanter le triomphe....

DESSIN DE CARNET

D'APRÈS EUGÈNE YSAYE

.... Des femmes parées se posaient parmi les habits
noirs, comme de grands oiseaux de rêve. Aux murs
souriait une décoration de Besnard, nymphes en robes
aux corolles évasées ayant pour pistils des pieds roses.
Figée dans la lumière, l'assemblée s'était tue. La
grande forme claire de Madame Raunay, nimbée d'or,
se dressait sur la houle des visages et des éventails.
Ce fut, puissamment triste, désespérément amoureux
jusqu'à mourir, le lamento de la *Chanson Perpétuelle*,
ce chef-d'œuvre. Au piano, simple, doux, avec son
front nu et ses yeux veloutés, inquiets et tristes, Ernest
Chausson résumait l'accompagnement orchestral. Les
longues vagues d'harmonie déferlaient sous le chant
passionné, déchirant, si farouche que l'atmosphère de
cette soirée de fête, transposée par la mystérieuse puissance de l'art en une réalité supérieure, s'effaçait,
devenait l'humide brume du paysage fluvial où
l'amante abandonnée mourait parmi la nuit et les
roseaux....

L'ange musical, après les applaudissements, s'effaça
dans un silence lourd. Alors, à la place de la statue

de soie pâle et d'or qu'était la cantatrice, se dressa
une hautaine masse de bronze.

Ysaye préludait.

Il avait l'air d'une cariatide. Sa face large et courte,
à l'ombre tumultueuse des cheveux, semblait enfoncée
dans les épaules, et, sauf une lueur sur le méplat supérieur du front, elle restait obscure à cause d'un
lustre surplombant l'homme et l'isolant dans un
tremblant cercle de lumière. On voyait le rictus des
lèvres rasées, les yeux étaient mi-clos par une mélancolie étrange. Le torse noir, où l'ogive du plastron était
à peine plus claire dans le contre jour, se détachait
sur le fond orangé de la salle avec une ampleur tragique. Les bras noirs, dans le beau geste du jeu,
étreignaient le violon jusqu'à n'en être plus distincts.
Il y avait une majesté triste dans l'écrasement du
menton glabre, aux plis romains, contre le bois de
l'instrument. Deux points de feu, sur l'archet et une
clef, brillaient seuls. La figure entière, légèrement oscil-
lante, semblait une roche sculptée en dieu, émue par
le chant qui émanait d'elle-même, étonnée de l'inexprimable frisson qui la secouait. Le bras droit, conju-
rant ou crispé, était sublime.

Aux épaules de ce Rodin vivant semblait peser le
fait immémorial de l'antique génie des révélations.
Il était là, pilier central, au milieu de ces âmes incli-
nées, dans l'ardeur nue de la lumière et du son, central, seul, penché confidentiellement sur le vertige
intérieur du violon, écoutant, répondant d'un geste
évasif ou précis, secouant la tête comme pour une ré-
plique dans la dispute éternelle de l'homme et des
voix qui l'habitent, puis brusquement cambré comme

pour s'arracher de ce divin et torturant instrument
qu'il tenait d'un poing noueux et essayait à la fois de
faire crier et de faire taire sous la caresse de son autre
main, subtile ou violente, élancée ou effleurante,
attendrissant un arpège jusqu'à le faire expirer dans
un murmure plus pur que le silence, et sursautant
dans un cri de l'archet exaspéré tout à coup....

Comme une verrerie magique sous l'effort du fluide,
éclata brusquement la cassure des acclamations.

DEVANT LA TOMBE DE RAOUL PUGNO[1]

Un télégramme, un soir, m'a replacé brutalement en face de l'Enigme très amère, à propos de cet ami qui ne reviendra jamais. Le cœur me manque à l'idée d'user des mots qui servent à la littérature. Puissé-je ne tracer que ceux qui naîtront du chagrin.

Un exemple de beauté, je crois que c'est là tout ce qu'il fut. Son existence de virtuose aura été dans ce temps un phénomène météorique extraordinaire.

Il y a vingt-cinq ans, les intimes de ce compositeur léger, fin et charmant, étaient encore seuls à savoir que le musicien de grâce française dissimulait un génie du piano. Un hasard, presque, le révéla : le lendemain il était célèbre, et alors s'alluma la fusée éblouissante de cette carrière, qui jaillit et emporta éperdûment à travers le vaste monde un flamboiement de l'art français.

Pugno fut un ambassadeur de notre art dans l'univers. Partout il subjugua. Partout, après avoir fait étinceler sa magique interprétation, il acheva l'œuvre en imposant l'irrésistible attrait de sa bonté joyeuse, la simplicité de son âme et l'éclat de son lucide esprit.

1. 3 janvier 1914.

On l'adorait après l'avoir admiré. Une grandeur s'est éteinte en lui, le reflet suprême de l'art romantique dont il était un des héros ressuscités, par la générosité, le don de soi, le large cœur, l'effusion rayonnante et le souriant, l'indulgent dédain de toute petitesse. Jamais dans ces vingt-cinq années notre France n'a envoyé à l'étranger un champion plus valeureux, un messager plus beau, un témoin plus fidèle de son âme musicale régénérée. Je n'ai pas à le juger techniquement, je l'oserais moins que jamais, je ne suis qu'un poète fou de musique. Mais enfin je crois bien que s'il ne ressemblait à personne, et s'il apparaissait le plus ample, le plus frémissant et le plus prestigieux des lyriques du clavier, c'est parce qu'il donnait encore plus son cœur que son talent. On ne pensait pas à sa perfection, à sa science, aussi absolues pourtant que celles d'un Paderewski, d'un Risler, d'un Sauer ou d'un Busoni. C'était une conscience qui s'ouvrait, c'était un grand aveu humain.

Au piano, il était sublime. Il s'asseyait, grave et simple, avec cette puissance physique qui revêtait tout son être d'une sorte de majesté paisible d'officiant, et tout de suite il s'isolait. Ses yeux se fermaient à demi, il ne connaissait plus la salle ni lui-même mais, tout entier tourné vers le dedans de soi, le visage transfiguré par une beauté mélancolique et sereine, il méditait ce que ses mains allaient traduire, il écoutait, tour à tour léonin et tendre, le génie de Schumann, de Mozart ou de Franck devenu le sien. Son piano n'était plus un piano, mais un violoncelle, un hautbois, ou la voix elle-même d'Ariel. Il modelait l'harmonie comme Rodin la glaise. J'ai souvent été frappé de

l'identité de leurs mains de caresse et de force :
Pugno avait les mains de Rodin. Il en avait aussi un
peu le masque, avec sa large barbe et ses yeux subtils,
parfois noirs d'une brusque passion tout italienne,
comme si la nature avait voulu bien préciser qu'il
était le Rodin du piano. Il y avait des musiques qui,
sous les doigts de Pugno, devenaient des tendresses
vaporeuses et lumineuses comme les pâles petits
groupes de marbre de son génial émule. Il y en avait
qui s'irisaient comme des cristaux vénitiens, et dont
la délicate merveille était si frêle que nos applaudissements se contenaient de peur de les briser. Il y en
avait qui, brûlantes, se figeaient comme des coulées
de bronze au moule imposé par l'implacable volonté
et l'impeccable robustesse de son style et de son
rythme. Car cet homme pouvait tout, et reforger de
mains titanesques le concerto de Schumann, et susciter le vol diapré des *Papillons*, et murmurer avec
une exquisité verlainienne la lente, la tremblante,
l'immatérielle confidence des *Variations symphoniques* de Franck...

Est-il vraiment possible que jamais, jamais plus,
nous ne les revoyions s'avancer ensemble sur une
scène, lui et Eugène Ysaye? A celui-là je n'ose penser.
Je mesure bien tout notre deuil à tous, mais le sien....
En quel coin du monde la fatale nouvelle l'aura-t-elle
touché, ce grand voyageur? En quel lieu lointain
prolongea-t-il alors une sombre rêverie sur la sorte
d'amputation de son génie et de son âme qui venait
de lui être faite? Ils étaient les deux bons géants. Ils
survenaient, imposants, musclés comme deux des
bâtisseurs du Walhall, et la gloire, pour les remercier,

leur jetait son anneau d'or. Un jour, ils prirent ensemble cette sonate pour piano et violon que Franck n'entendait jamais jouer, ils l'emportèrent à travers le monde, et leur âme fervente fit à la sienne le don d'une des rares joies que ce saint méconnu ait goûtées avant de regagner son ciel originel : il leur dut d'être acclamé partout où on l'avait nié, il eut par eux le présage des justes réparations de l'avenir. Qui n'a point entendu Ysaye et Pugno jouer cette sonate, ignore une des cimes de la musique, et le sens de la perfection indépassable dans l'interprétation. Un couple d'une fierté unique est en eux aboli, qui portait partout la beauté, et partout soutenait de sa double stature de cariatides le portique ouvert sur l'infini des grands chefs-d'œuvre.

Ysaye reste seul : le cher compagnon d'exodes et de triomphes ne le rejoindra plus. Ce qu'était son génie, je peux mal le dire. Mais son souvenir restera lié en moi à celui des quelques séances inoubliables où il me fit l'honneur de m'associer, pour la gloire de Chopin, de Schumann, de Franck, à ce qu'il appelait en souriant « des concertis pour parole et piano », et où mes pauvres phrases s'achevaient dans le faste de ses sonorités. Depuis, je n'ai parlé auprès de personne autre. Tout en lui, la vie et l'art, naissait de la bonté et lui faisait retour. Il faut redire à ceux qui ne l'ont pas su, combien Raoul Pugno était divinement bon, et comment cette franchise vivante ne fut jamais furtive que pour obliger autrui. J'entends encore cette voix un peu voilée, la façon dont elle disait : « Bonjour ami... », toutes ses remarques si justes, si sagaces,

de maître dont l'enseignement ne fut jamais doc-
trinal, mais éveilla toujours en chacun une émotion plus vive et un respect plus grand devant les
grandes œuvres. Et il était très gai, et il ironi-
sait parfois, mais sa raillerie s'atténuait aussitôt
d'un bon rire. Si tous ceux dont il ouvrit et agita
les âmes jusqu'au tréfonds s'étaient pu réunir, ses
funérailles eussent été la levée d'un peuple. Mais
si tous ceux qu'il seconda en silence s'étaient
trouvés là, on eût mesuré plus encore combien
l'homme valut le virtuose.

Qu'il aimait rire, et qu'il a intensément vécu, senti,
exprimé, compris ! En cette demeure familiale de
Gargenville où il était si fier de ses vergers et de ses
blés, devant des horizons riches et étales comme
ses grandes harmonies, chaque objet révélait une
haute culture d'artiste épris des beaux livres, des
tableaux, des meubles rares, de tout ce qui orne le
bonheur intime. Beauté, bonté, c'était tout son
évangile lorsqu'il communiait quotidiennement à la
sainte table du clavier, servant ses dieux comme
on ne les servira plus. Cette culture, cette inspiration, ce charme, cette renommée, cet amour, tout
s'est évanoui. Le concert est achevé ! Posons des
roses sur le piano devenu sarcophage, et laissons
cette ombre humaine prolonger son rêve au silence
insondable de l'ombre. Des amis disparus les noms
aimés deviennent un à un des sanglots, mais je sens
que pour celui-là il me faut donner au mot « mort »
un sens plus consolant et plus pur. Pour lui, entre
les meilleurs de ceux que j'ai déjà laissés sur la
sombre route, je me redis le vers conjurateur de

Mallarmé : « Tel qu'en lui-même enfin l'éternité le change », voilà ce qu'est maintenant Pugno. Il connaît à présent dans sa plénitude cette harmonie dont ses mains cherchaient l'expression terrestre avec une ferveur si magnifique, et à ce geste de recherche une calme certitude a succédé. Notre ami n'est pas plus mort que le père Franck qu'il a rejoint dans le haut ciel des bienfaisants, des inspirés et des sincères : et s'il nous voyait pleurer sur lui, en sa toute bonté il nous consolerait....

KARSAVINA ET MALLARMÉ

Un soir, aux ballets russes, tandis que pour laisser
étinceler dans toute sa magie l'écrin oriental de la
scène, la nuit se faisait sur l'écrin de la salle où tant
de femmes frissonnaient sous une rosée de pierreries,
je cherchais par instants, dans l'ombre autour de moi,
un visage que j'ai jadis profondément regardé : le visage d'un petit homme grisonnant, à la barbe courte
et pointue, aux oreilles faunesques, au nez impérieux, une face qu'on eût dite sensuelle si elle n'avait
été idéalisée par deux magnifiques yeux veloutés
et pleins de rêve, deux yeux de caprice et de génie.
Bien souvent ce compagnon fut à mes côtés, assis,
méditant, très simple avec sa lavallière noire et
son veston noir : nous prenions ensemble notre part
de songe dominical, confondus dans la foule des promenoirs. Quelquefois il parlait, et sa voix musicienne,
au timbre un peu assourdi, prononçait un bref jugement de haute synthèse, ou créait une image riche
d'extase, inattendue. Je sais bien que cet homme s'en
est allé il y a vingt ans : mais je le cherche toujours,
celui qui fut mon maître et m'ouvrit plus que personne les routes de la pensée. J'aurais voulu demander
à Stéphane Mallarmé s'il était content. Je n'ai pu le

découvrir : cependant je le sentais là et tout ce qui se déroulait sur la scène avait été prévu dans son cerveau.

Je me souviens, devant cette irruption luxueuse et fascinatrice des ballets russes, des balbutiements de ma génération, il y a vingt ans, au Théâtre d'Art aux premiers spectacles de l'Œuvre où Lugné-Poë et moi nous nous efforcions de créer des décors et des atmosphères. Oui, c'était bien *cela* que nous voulions : seulement nous étions de très jeunes hommes sans argent, et nos essais étaient informes, et on en riait, et on venait pour huer. Le culte de Wagner nous avait révélé la fusion des arts et passionnément, sans craindre l'échec et le ridicule, nous tentions de combiner des identités. Nous façonnions avec une ingénuité de pauvres la grossière idole qu'embellissaient nos illusions. Cette idole est devenue la déesse rayonnante du ballet russe : le bouquet de génie composé par Léon Bakst, Alexandre Benoist, Michel Fokine, Nijinsky et Thamar Karsavina, c'est sur l'humble autel de notre symbolisme de jeunesse qu'il se pose. Ces êtres-là, ces prestigieux êtres-là, sont venus nous apporter sans le savoir, la plus belle des confirmations, et avec nos velléités ils ont fait une vérité devant laquelle s'inclinent les snobs vieillis qui nous sifflaient jadis.

Au fond de toutes nos idées, il y avait l'influence divinatrice de Mallarmé, qui était le César Franck des poètes, et tout ce qui constitue l'armature secrète de cette féerie incomparable a été annoncé par lui. Lui seul, dernier grand esthéticien français et bafoué par le premier gazetier venu, avait composé mentalement ce spectacle de rêve, auprès duquel la fusion

wagnérienne elle-même n'est qu'une gaucherie barbare, ce spectacle où toutes les sensations se répondent
et tissent par leur entrecroisement incessant la plus
aérienne des trames intellectuelles — ce spectacle où
tout est vrai et où rien pourtant n'est réel ! Qu'on
relise *Pages*, et on y trouvera la conception précise
de la décoration scénique de Bakst, cette correspondance subtile de la symphonie colorée à la symphonie
orchestrale : la conception, aussi, d'une action lyrique
toute entière consacrée à la peinture d'un mouvement
de l'âme, comme l'est le *Spectre de la Rose* ; la conception, enfin, de la Féerie idéologique du Spectacle
oubliant la vie et inventant un monde nouveau.

Les héros eux-mêmes d'un tel art, mon maître les a
prévus : il y a une phrase de lui sur la Cornalba, une
de ses phrases-bijoux, dont un seul mot est à changer,
pour décrire Thamar Karsavina, lorsqu'il y parle
d'une ballerine qui paraît, appelée en l'air, s'y soutenir,
« du fait italien d'une moëlleuse tension de sa personne. » Otez « italien », et l'impondérable Karsavina
est là toute. Mallarmé n'a-t-il pas été, d'autre part, à
son époque, le premier et le seul à deviner l'importance
esthétique de cette danse à laquelle personne de nous,
dans le juste dégoût des ballets d'opéra, ne songeait
plus, et à nous montrer qu'elle pourrait redevenir une
cime de l'expression lyrique ? Nous hésitions devant
sa pensée ; nous ne voyions pas comment.... Et à
présent, voici que vivent sous nos yeux les sylphes
dont l'âme adorable de ce prince des rêves était pleine.

Que les ballets russes n'apportent au public, actuel-
lement, qu'une distraction scintillante, et toutes les
curiosités d'un exotisme farouche et raffiné, soit :

mais il faudra bien que les artistes les considèrent
comme un des plus grands faits d'art qui se soient
produits, le plus important depuis la synthèse wagnérienne, et le plus fécond peut-être. Rien ne reste,
hormis l'innovation musicale, du système wagnérien.
Il n'a modifié ni la mimique ni la décoration,
n'ayant fait qu'adapter arbitrairement à une symphonie sublime la vieille machinerie de théâtre, aggravée
du goût allemand, et c'est toujours l'orchestre qui
nous console et fait image, lorsque cet attirail, qu'il
commente, nous déplaît par trop. Mais voici qu'avec
le ballet russe, notre mentalité est attaquée de toutes
parts et conviée à la perception de similitudes inouïes :
la collaboration du décor allégorique, des lumières, des
costumes, de la pantomime, institue, à un tel degré de
perfection, des rapports inattendus dans la pensée. La
mode ne retient de *Shéhérazade* que quelques caprices
de vêture, d'ailleurs iliogiques en nos mœurs, et si nous
avons vu tant de sultanes s'empêtrer au milieu des
automobiles, cela prouve que le grand public a mal
compris. Mais la leçon profonde n'échappe pas aux
artistes. Que sont les fameuses « hardiesses » dont
nos fauves et nos cubistes font l'honorable pseu-
donyme de leurs petites horreurs, auprès des décors d'un Bakst qui oublie éperdûment le vraisemblable, bariole des palais d'extase ou de cauchemar,
des délires d'un ultra-impressionnisme, recompose
une nature à travers les phantasmes du haschich,
mais reste toujours harmonieux et beau ? Il n'y a pas
d'invention d'Edgar Poë plus extraordinaire que la
mise en scène de *Thamar* : de telles réalisations
commencent déjà à transformer le monde théâtral,

comme le prouve le Théâtre des Arts où, avec de l'argent et du goût, M. Rouché reprend les rêves des jeunes symbolistes de 1892. Le décor conçu comme un tableau, avec un un jeu harmonieux des valeurs, les êtres vivants et mouvants étant considérés comme des glacis qui se déplacent, c'est un des aspects du problème posé, et celui qu'on acceptera d'abord. Les décors de *Boris Godounow* ont prouvé qu'on peut ainsi composer, non-seulement un fond de ballet, mais, d'un bout à l'autre, l'orchestration chromatique d'un drame. Mais venons-en à la musique et à l'action lyrique elles-mêmes. Une composition comme *Petrouchka* apparaît bien le type, entièrement neuf, d'une de ces œuvres dont parle Poë, « où la profondeur se joue à la surface ».

Je l'avais entendue et aimée : je l'ai réentendue, et cette fois je l'ai pleinement comprise. Car l'obstacle de cet art, c'est sa richesse : il donne l'assaut à tous nos sens, nous sommes trop anémiés par la tradition pour boire sans griserie ce vin trop fort. Ce n'est pas trop de tout notre être pour s'attacher à Nijinsky, génie de la mimique autant que de la danse, et comment tout ensemble suivre le dessin musical ? Une seconde audition met tout au point. Histoire burlesque, disent modestement les auteurs. Burlesque en effet, la musique d'Igor Stravinski ; divertissement de brûlante frénésie, de bouffonnerie macabre, de bonhomie populaire et, par instants, d'adorable tendresse douloureuse. Mais le thème n'est point burlesque : il s'élève au fantastique et au tragique, *Petrouchka* est un chef-d'œuvre selon Poë parce qu'il unit la brièveté à l'intensité, et un chef-d'œuvre selon

Mallarmé parce qu'il présente, en un constant parallélisme, deux actions superposées, une action apparente d'une vivacité folle et une action symbolique
dont l'émouvante désespérance appelle, au milieu du
rire, les larmes. Jamais l'art moderne n'a conçu et
réalisé une allégorie scénique aussi forte et aussi
complète avec la pleine liberté de la fantaisie. Un
cadre est créé que nous attendions tous et dans lequel
on peut tout inscrire et tout peindre. Chacun y sait
voir ce qu'il veut, comme dans les oracles : l'homme
« au rêve habitué » peut y prolonger les rêves les plus
graves alors que le public n'y verra qu'une fable. Les
attaches du *Spectacle* avec la vie quotidienne sont
rompues....

Assurément il y faut le génie de ces êtres, et ils nous
apportent un élément de sauvagerie que nous serions
mal inspirés de feindre. La sensualité enragée qui,
par instants, convulse l'ordonnance des miniatures
persanes animées par la magie asiatique, la puéri-
lité, la cruauté, le luxe barbare, la souplesse féline des
organismes, l'étrangeté des gestes et des faces, la violente bizarrerie chromatique des parures, le caractère
spasmodique de certaines agrégations de cette foule
ocellée qui sursaute et se distend en folie, tout cela
devra rester le propre du ballet russe. Mais il paraît
bien que, tôt ou tard, c'en sera fini de notre malheu-
reuse chorégraphie, qui se méprend totalement sur la
Danse, autant que de notre décor, qui se méprend
totalement sur les destinées de la mise en scène. Le
décor fait, non pour rebâtir avec du carton la vraie vie,
mais pour en créer une qui, supérieure, la fasse oublier ;
la danse faite pour animer des idées et des sentiments et

donner son plus haut sens au chiffre mystérieux qu'est le corps humain, voilà la leçon que propose aux variantes du goût occidental la survenue radieuse de ces Slaves.

Combien leur interprétation hardiment démonstrative des musiques les plus pures ne vient-elle pas corroborer ces données! Avec quelle appréhension, due à trop de pénibles caricatures, n'avons-nous point attendu l'essai de transposer en ballet, il y a deux ans, des valses de Chopin, et cette fois le *Carnaval* de Schumann? Hérésie esthétique assurément, décrétions-nous; et ce n'est pas sans un périlleux illogisme qu'on tentera une telle réversibilité de sensations. Si le *Carnaval* est l'expression abstraite des impressions de Schumann dans une fête masquée, reconstituer cette vision selon sa musique est un paradoxe. Et cependant voici que le paradoxe est devenu une combinaison logique et délicieuse, un échange sans sacrilège ni heurt, un développement harmonieux des propriétés immanentes de la musique, une accentuation du rythme de Chopin ou de Schumann créant, sur la scène, l'éclosion spontanée de figurines qui sont des idées envolées. Ainsi comprise, la danse devient réellement l'expression des rêves — c'est-à-dire ce que, de toute éternité, elle dut être, avant la détestable intervention de l'entrechat, de la pointe et du jeté-battu. Et ces créatures sans poids, dont la technique est miraculeuse, nous font constamment oublier qu'elles dansent, parce que la géométrie de leurs gestes, les alliances et les dissociations de leurs corps, l'intelligence et l'esprit de l'arabesque dessinée du bout de leurs orteils, tout disparaît dans la signification de

leurs masques de mimes, qui nous disent l'essentiel
du drame. Tout, par de subtils passages et des inflexions que la musique détermine ou seconde, convie
notre esprit à une gradation des genres et des moyens,
à une jouissance sensorielle et intellectuelle très sim-
plifiée malgré sa complexité apparente, tout revient à
l'unité.

Thamar Karsavina, c'est la pensée de Mallarmé qui,
réincarnée, voltige. Ce sylphe est au milieu de nous.
Je vous dis qu'il avait prévu tout cela, mon maître,
et qu'est-ce que cela fait qu'il soit mort? Je le cherchais
des yeux et de tout l'élan de mon cœur dans la pénombre de mon souvenir, et il était là peut-être, taciturne et heureux témoin de ses rêves vérifiés, tandis
que sur la scène immense et incandescente scintillait,
défiant « la triste opacité de nos spectres futurs », cet
Ariel féminin, sans plus de densité qu'un flocon de
neige, planant sur la rafale ou le zéphir de l'orchestre,
ivre de son jeune éblouissement....

ÉMOTIONS[1]

1. Presque toutes les pages qui vont suivre ont été écrites depuis le début de la guerre.

POUR L'AMOUR DE LA FÉE[1]

En reprenant aujourd'hui la direction du *Courrier Musical*, M. René Doire a bien voulu souhaiter que cette nouvelle série ne parût point sans être présentée aux lecteurs par quelques lignes de moi. Je désire du moins que leur intention soit des plus simples. Je me défends d'exposer ici ce qu'on appelle un programme, n'étant qu'un écrivain qui adore la musique, et non point un critique musical. La nuance est grande, et il fut un temps où elle fit disserter gravement, et parfois aigrement, sur le sens de la « compétence » et les droits qu'elle confère. Je parlerai donc à nos lecteurs comme à des amis qu'on retrouve, des amis connus ou inconnus que l'ouragan avait dispersés, qui se cherchaient, et que l'on essaiera ici de réunir pour mettre en commun de chers souvenirs et de nouvelles espérances.

Je n'ai jamais su et prétendu qu'aimer et sentir, et quant aux questions techniques, tous ceux qui écriront ici vaudront mieux que moi. Cependant parce que je suis resté ce que j'étais, il me semble que je puis pressentir ce qui nous liera comme jadis. Nous

[1]. Ecrit le 1er décembre 1916.

ne ferons pas campagne, nous ne servirons point des
intérêts, nous ne poursuivrons pas un but politique :
il faut le dire, car il y avait musicalement une politique avant la guerre, et elle devenait même parfois
bien irritante à force d'emprunter les procédés de
l'autre ! Mais nous bornerons-nous à savourer, comme
jadis, nos égoïstes jouissances de mélomanes ? Je ne
le crois pas. La musique va être plus et autre chose
pour nous. Tout a été changé dans les esprits, les sensibilités, les consciences, et une des raisons d'être de
cette réapparition de la revue, ce sera d'essayer de définir ce changement.

Nous travaillerons pour l'amour de la Fée. Depuis
plus de deux ans, elle s'est tue, ou presque, dans un
monde enivré d'horreur. Ouvrir un piano, chanter,
paraissait presque prouver une indifférence sacrilège,
offensante pour tant de deuils. Comment faire comprendre à des milliers de créatures pour qui la musique
est et n'est qu'un « plaisir » qu'elle est surtout une
prière, une méditation, un ennoblissement de l'âme ?
Et puis, nous étions si douloureusement oppressés !
Nous ne pouvions entendre que les hymnes. Mieux
valait clore le piano comme un sarcophage, remettre
le violon scintillant dans son petit cercueil, et attendre,
attendre.... Au reste, ceux qui jouaient étaient partis
là-bas, dans l'orchestre terrible dont l'épée de Joffre
est le bâton, et dont le canon rythme la symphonie
des destins de la France : et nous songions aux morts,
et à la charité pour les veuves et les enfants qu'ils
laissaient. Et puis, peu à peu, le silence de la Fée nous
est devenu intolérable. Elle nous manquait par trop.
Dans une crise où toutes nos facultés morales et spi-

rituelles subissaient l'hypertension, pourquoi une des sources les plus puissantes du magnétisme collectif demeurait-elle tarie, dans un mutisme total ? Timidement, malaisément, nous avons rappelé la Fée, elle est revenue parmi nous, et dans l'intimité de nos logis, et dans ces communions dominicales qui, jadis, étaient nos meilleures joies.

A présent, il est temps de comprendre que, loin d'être sacrilège, le retour à toutes nos expressions d'art est une des formes supérieures de l'affirmation de notre vitalité, pour l'après-guerre. Bien des préjugés sont tombés, qui travestissaient et desservaient aux yeux des alliés et des neutres cette France dont le rayonnement les éblouit aujourd'hui. Un théâtre devra périr, qui ravalait effrontément la famille française. Une peinture devra périr, qui nous faisait penser sauvages et absurdes. Des influences devront périr, qui nous engageaient à confondre l'examen de l'art étranger et la perversion du nôtre. La tâche nous incombera à tous de préparer la mission de la mentalité nationale dans une Europe qui, délivrée du germanisme obsédant, nous redemandera le mot d'ordre éternel. Notre musique récente apparaîtra la seule assez cohérente dans sa variété pour se substituer à l'influence de l'effroyable musique germanique contemporaine, à cette musique d'attaque brusquée, de formation par masses, d' « état de danger de guerre », qui déchaînait sur nous ses pièces lourdes, et comptait des Zeppelin et des Krupp dans ses symphonistes. Elle nous déplaisait, mais nous impressionnait, comme si sa brutalité nous eût été un mauvais présage : certains nous conseillaient d'y prendre la leçon de la puissance, fût-ce au détriment de notre goût. Nous en aurons fini avec elle, comme avec eux : et d'autant plus, nous garderons intacte notre vénération pour les grands Allemands de la pré-kultur, pour Bach, Mozart, Beethoven, Schubert et Schumann, innocents et tout humains. Ils en parlaient parfois avec un irrespect pénible, ceux-là mêmes qui tout ensemble nous vantaient les symphonies-canons et engageaient nos jeunes à se limiter de plus en plus à une musique évanescente, comme pour affirmer notre abdication de toute force. Nous aurons à tâcher, loyalement, résolument, de leur disputer quelques âmes. Parmi ceux qui touchent à la musique, on distingue plusieurs sortes : il y a ceux qui en vivent, ceux qui la connaissent, ceux qui la traitent comme une algèbre et ceux, hélas! qui la traitent comme une affaire. Soyons avant tout ceux qui l'aiment, la mêlent à leurs joies et à leurs peines, et croiraient l'offenser si, à cause d'elle, la mesquinerie et la laideur des polémiques diminuaient leurs âmes.

Le suspens s'impose quant à certains débats comme celui qui, récemment, à propos de Wagner, de son droit de cité ou de son ostracisme, anima des querelles irritantes, inexactes, et superflues. Par contre, c'est dès maintenant qu'il faut songer au destin de l'école française et à l'hospitalité méritée chez nous par certains alliés. Nous n'avons pas toujours été justes à leur égard. Alors que nous faisions trop de place à un Strauss insolent, drapant l'indigence de ses idées musicales avec l'arrogance somptuaire de son orchestration, nous négligions... la liste serait longue. Mais je ne peux me défendre de songer à Gilson, à Raway, à Vreuls, à Servais, à Peter Benoît, à ceux qui, dans

la Belgique sainte et martyre, honoraient la musique :
maintenant leur voix, que nos concerts ne recueillaient
jamais, devra nous être chère comme l'âme elle-même
de leur pays levé pour notre salut. La Bohême aussi,
qui nous aima et nous servit tant, expie ses sympathies : qu'avons-nous fait pour elle, pour son génial
et malheureux Smetana, pour son ardent Dvorak,
pour l'admirable floraison du lied slovaque ? N'aurons-
nous pas à nous préoccuper davantage du folk-lore des
petites nationalités dont la défense aura été un des buts
de la grande croisade ? Là, l'immense soulagement
intellectuel procuré par le rabaissement du germanisme dans le monde se traduira par des curiosités et
des sympathies qui nous seront rendues. On nous
aimera, on nous recherchera dans la mesure où nous
aimerons et rechercherons les autres, et nous le pourrons, un poids affreux étant ôté de nos poitrines : car
l'Allemagne envieuse et tyrannique se mêlait de tout et
empêchait tout.

Le sort de la musique française dépendra de ce
libre-échange plus largement compris. A peine exor-
cisée de vingt années de magie wagnérienne, elle
s'organisait comme une petite nation autonome, fu-
rieusement niée ou dédaigneusement dépréciée outre-
Rhin, et elle semblait bouder, parce que l'étranger ne
venait pas la chercher spontanément. Savait-elle l'y
convier ? Maintenant elle sera libre d'organiser sa
propagande, et elle se trouvera au tout premier rang,
à même de donner toute sa mesure. Un grand rôle lui
sera offert : avec l'école russe, et plus peut-être encore,
l'école française présentera le seul ensemble musical
réellement constitué, appuyant ses créations nou-

velle sur une série de maîtres, ayant des antécédents, des stades définis, une tradition logiquement modifiable, un style de nationalité, un goût. Saura-t-elle être à la hauteur de son rôle partout où on l'attendra, acquérir assez de puissance? Dans quelle mesure la crise actuelle nous donnera-t-elle des musiciens capables de sentir et de montrer qu'après de telles émotions un art de fin maniérisme, de prouesses techniques, n'est plus le seul possible et souhaitable, et qu'il faut à la Fée de plus vastes portiques que les arceaux bas d'une petite chapelle? Pour accueillir les pèlerins du culte, à défaut d'un Bayreuth désormais découronné et réduit à l'état d' « affaire musicale », Paris saura-t-il enfin réparer son incurie et avoir des salles de symphonie, au lieu de traîner la Fée dans des théâtres de fortune ou des annexes de magasins? C'était la stupeur des étrangers, et notre gêne à tous. Etant des milliers et des milliers de fidèles, aurons-nous l'art d'unir en faisceau nos désirs pour obtenir la fin de ce scandale, pour que la Musique cesse de loger en garni à la journée et possède ses sanctuaires bâtis pour elle ? C'est de là, et de là seulement, que la symphonie française pourra s'étendre glorieusement vers l'Europe et rejoindre l'art slave par delà les décombres de l'omnipotence allemande.

Songer à ces questions, comme je m'y laisse aller un soir, un de ces rares soirs où l'on s'accorde sans trop de remords le droit d'oublier un peu le drame, c'est se poser d'autres questions, et d'autres encore.... Nous ignorons l'avenir. Mais il a ses racines dans le passé. Evidemment — rappelons-nous — au moment où la foudre éclata, notre musique devenait inquiétante par

la complication, la fascination des recherches de
moyens, le rétrécissement de l'idée générale. On la
faisait toute petite pour la faire avec soin : on en ban-
nissait tout élan vraiment lyrique en traitant toute
vaste tentative de « grande machine ». Il y avait à ceci
diverses raisons — nous les connaissions, si nous ne
les approuvions pas toujours — mais les étrangers ne
pouvaient, ni n'avaient à les connaître, et le résultat
était une diminution de prestige. Évidemment encore,
cela ne suffira plus, et l'envergure devra être toute
autre. Nous ne ferons pas de la « musique de 420 »,
nous ne déchaînerons pas cette brutalité sanglante,
cette sensualité sadique, qui présageaient dans une *Sa-
lomé* ou une *Elektra*, sous le voile musical, l'horreur
imminente de la race scélérate et de son idéal inhu-
main. Mais de même qu'une peinture nous donnera
le rire ou la nausée, si elle recommence d'exposer des
scènes de bar, des bariolages « fauves » ou des combi-
naisons de cubes, de même une musique de frisselis,
de soupirs et de pâmoisons, dressant de minuscules
autels à la divine fausse note et à l'exquise dissonance,
nous paraîtra vraiment négligeable, parce que l'humanité viendra de souffrir, parce que l'héroïsme, la
douleur, le sacrifice, le deuil, auront soulevé une
immense vague de passions, parce qu'avec tout ce flot
de pathétique il y aura eu de quoi alimenter dix
Beethoven, et qu'il faudra bien que l'Art, sous toutes
ses formes, en tienne compte et en fasse de la grande
beauté, sous peine de n'être qu'un jeu de dégénérescence.

A toute époque tragique — et jamais il n'en fut
vécu de plus grandiose — l'Art s'est toujours nourri

de douleur et retrempé dans le Styx. Nous ne devons pas douter de lui : il créera les hommes dont il aura besoin, pour que le chant humain dise ce qui devra être dit. Notre devoir est de les espérer, de les attendre et de les reconnaître : et sans doute ils grandissent déjà. L'homme qui symphonisera notre tourmente et écrira notre Neuvième est peut-être, au moment où je parle, cet adolescent fiévreux dont, à une haute croisée, dans une rue de cité inconnue, la lampe brûle jusqu'à l'aube — et tous l'ignorent, mais lui sait. Préparons-lui un autre remerciement que la dérision et la misère traditionnellement offertes à tout génie survenu : gardons-lui dans nos cœurs l'amour de la musique saine et libre, ouvrons-lui les voies. Ainsi servirons-nous les desseins de la Fée.

LA MUSIQUE ET LE CŒUR DU PEUPLE[1]

L'idée de décentralisation, de régionalisme, qui s'atteste une des plus fécondes, des plus riches en ferments pour un très prochain avenir, est de celles qui agiront dans tous les domaines, et la musique elle-même en sera influencée.

Je ne parle pas seulement des milieux musicaux proprement dits, bien constitués, comprenant les théâtres, les concerts, et le public mélomane. C'est là un Etat musical dans l'Etat. Certes, il est à souhaiter que renaissent en France quelques grands centres musicaux vraiment importants. Les œuvres scéniques devront s'y manifester en échappant au contrôle obligatoire et tyrannique de Paris, et surtout du Tout-Paris. La critique métropolitaine devra se déranger, sans sa paresse et son affectation condescendante ou ironique d'antan, pour aller apprécier sérieusement. De telles représentations devront donner la gloire et les moyens d'action aux auteurs, tout autant que celles de Paris. Une critique musicale provinciale devra d'ailleurs être constituée et obtenir des grands journaux régionaux mieux que l'avare concession de quelques alinéas

1. Ecrit le 1ᵉʳ février 1917.

intermittents et relégués. Il faudra tenter d'en finir avec cette mauvaise hypnose de la capitale qui a dévoyé tant d'artistes et les a poussés à abandonner le pays natal où ils ne pouvaient trouver ni renommée ni ressources. Mais ceci ne concerne encore que le monde musical tel qu'il est. Je pense à autre chose : à la vraie foule.

Nous aimons la musique pour nous et entre nous. Nous la célébrons à huis clos. Assurément, cet huis s'est de plus en plus entr'ouvert et exhaussé. A mesure que les concerts dominicaux se sont multipliés, remplaçant les simples concerts militaires du mail ou du square, la porte de la chapelle est devenue une porte de cathédrale. Ce n'est point encore assez pourtant. Notre plaisir sacré demeure toujours d'un tacite égoïsme. Nous n'avons pas atteint la masse — et avouons que nous n'avons pas voulu sincèrement l'atteindre, prenant pour excuse qu'elle ne comprendrait jamais, et n'essayant rien pour tenter l'épreuve. Les concerts dominicaux eux-mêmes ont dévié. Fondés par des hommes libéraux et courageux pour divulguer des œuvres de beauté, admettant la foule pauvre à des places de tarif réduit, ils ont peu à peu modifié leur conception primitive. Invitant des virtuoses célèbres, ils ont dû augmenter leurs prix : leurs petites places sont redevenues trop chères pour n'être point l'apanage de la bourgeoisie, l'élégance a reparu, l'aspect de réunion mondaine a de nouveau prévalu, les mélomanes se sont retrouvés entre eux, plus nombreux, mais toujours dans le rôle d'initiés savourant un délice interdit au vulgaire.

C'est cela qui me paraît inique, et dangereux pour

l'avenir. Les secrets des arts sont accessibles à peu d'hommes, il y a des choses qu'une élite restreinte sera toujours seule à comprendre ; mais il est mauvais qu'un art semble le domaine d'une société secrète, il n'est fleur si rare qui ne meure de sa tige coupée — et de tous les arts, la musique est celui dont la tige plonge le plus profondément dans l'humanité, même dans la plus inculte, la plus fruste. Car la musique agit directement sur l'Inconscient, elle en naît, elle y retourne. On la goûte mieux si on est averti des autres formes de cultures humaines ; mais elle agit sur un être ignorant des livres, des tableaux, des monuments, de la philosophie, elle agit là où les autres arts restent sans effet, elle n'a pas besoin, pour émouvoir, d'être revisée par l'esprit ou le raisonnement. Elle va droit à ce que, faute d'une expression plus précise, nous appelons le cœur. Or, la foule possède ce cœur innombrable, et je voudrais que la musique lui parlât. Elle y consentirait volontiers : elle est la Bienfaisante toujours prête ; mais nous ne lui en donnons pas les moyens.

Je n'ai jamais pu, dans nos concerts, entendre sans mélancolie certains cycles de chansons populaires recueillies et transposées. Ce sont de charmants numéros de programmes. Des cantatrices raffinées s'ingénient à en exprimer la naïveté de rythme, le langage plébéien ou patoisant, en semblant sous-entendre que, faites pour la musique « pour de bon », savante et difficile, elles veulent bien s'amuser en daignant un instant se travestir en paysannes pour chanter ces petits riens régionaux. Or, ces petits riens, souvent exquis et parfois poignants, ce sont des choses volées, déracinées et maquillées, comme ces vieux beaux meubles provinciaux qu'a raflés l'antiquaire avide, et qu'on retrouve dans les intérieurs parisiens. On les regarde comme de jolis fossiles, des bibelots archaïques : ce sont des fragments de l'âme française, et cette âme n'est pas morte, elle vit toujours. Nous avons là un peu de la musique créée par le cœur du peuple, et donnée en hors-d'œuvre, en curiosité futile, à nos concerts pour mélomanes « avertis ».

Que de fois, jadis, j'ai parlé de cela, avec irritation et chagrin, avec Charles Bordes! C'était le chercheur de trésors, le sourcier de cette musique, et lui savait la richesse du courant souterrain. Ce chant plébéien dont la beauté nous étonne et dont les auteurs s'appellent la foule, ni lui ni moi ne pouvions l'entendre sans une sorte de remords. On l'a étouffé. Il y a la musique pour initiés et dilettantis, la grande musique symphonique ou dramatique, la galerie des chefs-d'œuvre — et puis, pour le peuple, il y a l'infâme littérature musicale des bas-fonds, la scie cocasse ou obscène, le refrain idiot que le café-concert de sous-préfecture propage, et que l'ouvrier rapporte au pays : un empoisonnement, l'équivalent de l'alcoolisme.

Pourquoi cela ? Le centralisme est coupable. Depuis qu'il a tout fait converger à Paris, confondant l'unification avec la platitude, les mobiliers anciens, les bonnes toiles de musées, les œuvres nées du génie des divers terroirs ont pris le chemin de la capitale, qui a renvoyé en échange sa pacotille et ses rebuts. Jalousement, bêtement, le centralisme s'est appliqué à humilier et à dépersonnaliser les régions. Il s'est servi de l'arme du ridicule pour faire la guerre aux coutumes et aux costumes : le boulevard, indulgent aux métèques, ravi du cake-walk ou du tango, affectait la curiosité narquoise et le rire de mardi-gras devant la coiffe normande ou le gilet breton. Il en a été de même pour les danses et pour les chants. On a effacé autant qu'on a pu les traits délicieux qui différenciaient les expressions du visage de la France, et révélaient son âme. Sur les enluminures bariolées, le centralisme a étalé son badigeonnage. De ce système est résultée la crise de nos styles d'art décoratif, la mévente du roman régional qui révélait et faisait admirer la France traditionnelle, et enfin, entre autres conséquences, l'agonie du chant populaire. Ce qu'on en exhume en nos concerts est de date ancienne : il ne s'en crée plus, et dans les campagnes la tradition orale de ces menues merveilles se perd dans l'invasion de la camelote des beuglants parisiens.

Je dis qu'il y a là une grande et belle chose à sauver, et que c'est aux musiciens de la sauver, non seulement en recueillant, mais en faisant en sorte que la création ne s'interrompe pas tout à fait. On a assez dit que les Français n'avaient pas plus la tête musicale que la tête épique. Pour celle-ci, à défaut du poème épique qui est un genre littéraire périmé, on voit assez ce dont ils sont capables dans la vie épique! Mais comment soutenir qu'ils n'ont pas la tête musicale, devant le vaste trésor du lied français ?

Nous sommes tous d'accord pour admettre une vérité si évidente qu'elle est devenue un lieu commun : la richesse du fonds musical de l'âme allemande. On a même cherché à l'exprimer en disant que la musique étant l'Inconscient, persiste plus dans les foules brutes et serviles que chez les races qui ont contracté le besoin du raisonnement logique, de l'opération constante de l'esprit. Cette thèse établirait que la musique est l'expression compatible avec la barbarie — nos ennemis semblent le prouver — et que le sens musical collectif s'affaiblit à mesure que la culture littéraire ou plastique progresse. Elle irait donc à l'encontre de la proposition de Taine, si célèbre, prévoyant la dissolution de la poésie dans la musique et, par conséquent, le retour de l'Inconscient comme facteur essentiel des arts après une longue période de raison pure. Je ne discute pas. Je vois que les Allemands sont d'horribles brutes. Je vois aussi qu'ils sont musiciens-nés et musiciens-demeurés. Ils chantent encore, dans les tranchées, ou les soirs d'incendies et de pillages, des chorals d'une sévère beauté. Ils ont leur culture de concerts, à l'usage de la bourgeoisie instruite, ils ont aussi leurs très nombreux établissements où, pour quelques pfennigs et devant une chope, leur public vulgaire peut entendre de nobles œuvres et s'y plaît : ils ont, enfin, soigneusement entretenu, dans la campagne et à la caserne, le goût et le sens du chœur sur des motifs régionaux.

Nous n'avons rien de pareil. Assurément il existe aussi là-bas un répertoire d'inepties chantées à l'usage de l'ouvrier. Mais il ne contamine pas toute la masse : et celle-ci, habituée au choral, qui est la base de toute musique, reste reliée à l'élite qui jouit des magies de l'orchestre. Si le sens de l'ensemble vocal est une preuve de survivances barbares, alors soyons un peu plus barbares, et prenons-en ce qui est bon ! Il est gênant de songer à ce qui se chante dans les tranchées françaises en réponse aux hymnes de ces gens-là. Les essais de concours tentés jadis pour doter la foule armée de chants aux larges rythmes, aux paroles simples et saines, ont échoué devant la blague journalistique et l'indifférence des troupiers. Est-il certain que leur courage et leur entrain exigent le refrain obscène, alors qu'en face la souffrance et le risque de la mort sont réconfortés par des chants graves? Ici, dans un répertoire innommable, seules persistent deux ou trois chansons jolies et touchantes : encore sont-elles des héritages du passé. Est-on si sûr de l'antimusicalité de notre foule, et de son goût irrévocable pour la trivialité basse? Je refuse, et demande meilleure enquête, et plus sérieux effort des amis de la musique, avant de me résigner à reconnaître qu'aux héros de Verdun suffit la gauloiserie. Mais, hélas! la foule civile n'est pas plus exigeante. Les manifestations sociales assemblent le prolétariat, à certains jours orageux où frémit le désir d'un trouble idéal. Est-il rien de plus inepte que les paroles de *l'Internationale*, sinon sa musique? Elle est au-dessous de tout. Eh! quoi, est-ce là ce qui suffit au peuple révolutionnaire, au peuple qui a promené la sublime *Marseillaise* à travers le monde?

Le peuple au grand cœur n'a pas la musique digne de ce cœur. J'espère le musicien qui, avec des thèmes régionaux, fera pour cette armée un choral de tranchée et d'assaut, pour cette foule socialiste une Internationale des Alliances. J'espère aussi la série de mesures qui remettra en honneur dans les campagnes tous les chants nés du sol, dédaignés par le beau monde et

chassés par la vilenie et l'effronterie de la gaudriole
colportée, de la romance faubourienne, de la scie
redite par les filles et les apaches. Le plus grand obstacle, encore qu'inavoué, qu'apporte le centralisme à
la résurrection du chant populaire tel qu'il existe
dans la foule allemande, c'est qu'un tel chant est
nécessairement marqué du double caractère provincial
et religieux : le chœur a toujours tendance à développer
en aspiration collective un thème expressif du terroir.
Or, le centralisme est basé sur la dépersonnalisation
du terroir au profit d'une unité officielle, et sur l'abo-
lition du caractère religieux dans les manifestations
de foules. C'est là, et non dans des paradoxes sur
la musicalité considérée comme symptôme de
barbarie qu'il faut chercher la différence de la foule
allemande et de la nôtre. Nos temps monarchiques et
pieux nous avaient donné les secrets d'une floraison
de lied populaire non moins belle et riche que celle de
n'importe quel peuple. Nous sommes aujourd'hui les
plus pauvres. Si nous ne pouvons ressusciter ni mo-
narchie ni piété pour l'amour du choral populaire,
attendons du moins de la renaissance régionale, que
tout montre imminente, la conservation et la remise
en honneur du trésor de jadis où la démocratie n'a
plus rien versé. C'est un peu le devoir et l'œuvre de
chacun des mélomanes que nous sommes de tâcher
d'amener à la musique, avec tact et par degrés, les
plus humbles adeptes, au lieu d'être jaloux de réserver
notre plaisir. Mais les meilleurs et les plus fervents
musiciens doivent se dire qu'il est fatal pour un art
d'être sans liaison de sensibilité avec la totalité de la
race. Elle est la matière, infiniment transformable

par des épurations et des raffinages successifs, de toute création vraiment nationale, même quand, dans la fleur épanouie et splendide, on ne discerne plus trace du terreau primitif. La houle des grands rythmes secoue notre race tout entière : musicalisons-les, avant qu'ils ne s'apaisent, cherchons l'harmonie des battements du cœur du peuple — et faisons-en un hymne qu'il apprendra et n'oubliera jamais plus.

IMAGES DE CONCERTS

Au Cirque d'Eté, vous en souvient-il? la galerie du pourtour adossait ses derniers gradins à une série de verrières versicolores, bleues, jaunes, rouges et violettes. Les derniers soleils d'octobre ou les premiers soleils de mars, timides et vifs tout à coup, irisaient ces vitres et projetaient sur l'orchestre, massé au centre de la vaste rotonde, un spectre d'arc-en-ciel : en sorte que parfois, par le déchirement magique et subit d'une nuée, le cirque s'ennoblissait d'une illumination de cathédrale. Sur ces vitraux losangés, nous formions des figures vivantes, nous les fidèles des petites places; et tout autour de la salle, sur les transparences de saphir, d'or, de rubis et d'améthyste, se découpaient contre-lumière, en valeurs sombres et précises, des hommes et des femmes debout ou assis, formant une fresque.

Les spectateurs du centre, s'ils levaient la tête vers nos régions, ne voyaient que des silhouettes noires. Mais nous, nous vivions dans la lumière arc-en-céleste, et les effets du plus fol impressionnisme coloraient avec une bizarrerie violente nos visages saturés de chrome, de vermillon, de cobalt ou de garance : ainsi ceux d'entre nous qui se passionnaient aussi

pour la peinture unissaient les joies de l'œil à celles
de l'oreille en ce lieu où ils s'étaient juchés pour quarante sous. Il y avait des surprises chromatiques
inouïes : tel étudiant secouant la crinière léonine et
rousse d'un Berlioz, debout contre un vitrage rouge,
semblait peint de sang frais ; et auprès de lui une
Montmartroise blonde, se détachant sur du bleu lumineux, s'auréolait de clair de lune : mais quand elle
tendait les bras pour applaudir, comme ses mains
étaient frôlées par le rayonnement de la vitre sui-
vante, elle devenait une vierge lunaire agitant de
petites mains d'or au bout de minces poignets de
turquoise. Il y avait des étrangers farouches qui res-
semblaient à des sauvages peints des couleurs de la
guerre, de pauvres musiciens anémiques pareils à ces
tristes hères que, dans le clair-obscur d'une rue pluvieuse, le reflet d'un bocal de pharmacie fait surgir
tout à coup de l'ombre et enlumine d'un badigeon
brutal : il y avait de sveltes jeunes gens moulés dans
un costume très strict, et que cette fantasque lueur
travestissait en pages mi-partie : et des vieillards enfin,
que personne ne connaissait, de bons petits vieux
proprets, souriant à notre vacarme, devenaient, par
le caprice doré d'un vasistas, ces Saint Joseph que
Rembrandt a conservés dans son élixir d'ambre. Sur
toute notre foule sursautait une flamme de punch, un
phantasme de Loïe Fuller, un très romantique et
très fol éclairage de Broken ou de Walhall. Et, sages
ou furieux, siégeant sur ces hauteurs incendiées, au
fracas des cuivres héroïques nous buvions la musique
et la lumière dans les crânes des membres de l'Institut.

Nous étions très inquiétants pour les gens très bien

que nous considérions dans l'arène, avec le dédain
que professe, pour les vagues humanités bien payantes,
la jeunesse des poulaillers paradisiaques : nous étions la
Montagne et l'Anarchie, et parfo.s, de notre bloc incan-
descent, forgé par l'orchestre, jaillissaient les étincelles
d'un enthousiasme intransigeant et frénétique, à
moins que notre ironie, forte de la position et du
nombre, ne se bornât à cribler le troupeau de la
plaine d'une multitude de flèches en papier. Coura-
geuses comme les femmes des Germains sur les
chariots de guerre, nos compagnes utilisaient les
entr'actes à transformer les programmes en javelots
qu'elles nous passaient ensuite par pleins carquois :
ainsi faisions-nous pleuvoir, superbes et inventant
des huées pittoresques, la grêle de nos traits sur la
bourgeoisie hostile à Wagner. Et au sein de cette
foule intimidée et vacillante l'occiput ivoirin de
Lamoureux brillait.

Je me souviens : combien étrange notre groupement
disparate! Des femmes en waterproofs humides,
coiffées de chapeaux en cuir bouilli, de bonnets
vénitiens ou de modestes oiseaux, des femmes aux
yeux élargis, assises par terre, le dos au mur, parmi
les rigoles des parapluies; des peintres ébouriffés, des
étudiants russes à lunettes d'or, des musiciens glabres
et verdâtres, des Allemands chafouins humant obstinément des partitions graisseuses, parfois un esthète
cravaté de soie à fleurs, et quelques bords-plats et tous
les feutres concevables, aux styles multiformes réconci-
liés dans un cabossement universel, et, contre une
colonne, un grand Espagnol maigre, brûlé, impas-
sible, très Zuloaga dans sa cape liserée de rouge. Les

uns correctement assis, d'autres accroupis, le menton aux genoux, celui-ci crispant ses mains à ses tempes, et cet autre, bras croisés, semblant poser pour l'appel des condamnés.

Sur tout cela le souffle de l'hystérie sacrée, l'odeur de la pluie, de la sueur, du parfum pas cher, et quelle électricité des regards! Comme on ne pouvait bouger, ou presque, les alvéoles de la ruche humaine étant pleines jusqu'à la saturation, les yeux exprimaient totalement les âmes, et parfois ils se rencontraient, effrayants. J'ai vu là des expressions bien extraordinaires; je n'oublierai jamais une Polonaise aux cheveux courts, une très petite femme d'une pâleur de cire, debout contre moi, vêtue de noir, avec deux mains merveilleuses crispées sur un sac d'où sortaient des brochures de pathologie, un cahier de musique et un numéro de revue anarchiste. Elle était laide, mais dans sa face camuse vivaient deux yeux exceptionnels, des prunelles de sel gemme. On jouait le prélude de *Tristan* : et à mesure cette femme renversait sa tête et ses yeux incolores se fonçaient d'un bleu inouï, un rictus d'hypnose infléchissait sa lèvre inférieure, tout le visage devenait un sanglot heureux, cette créature immobile se donnait en songe, se donnait en frissonnant à un amant invisible, et c'était tellement poignant, tellement troublant et si beau que je ne pouvais me défendre de contempler avidement ce visage convulsé par l'amour. Et elle savait que j'étudiais son émotion et elle soutenait fièrement mon regard, n'ayant aucune pudeur de son émoi sensuel. A la fin, un rayon de soleil se jouant dans les vitraux l'enveloppa d'une lueur rouge, et elle ferma les yeux, toute pareille à une martyre. Plus tard j'ai su qui elle était : bien des années après.... Elle se nommait Sonia Bolska. Maîtresse d'un terroriste elle l'accompagna en Sibérie et y mourut, c'est pourquoi j'écris son nom. Elle était docteur en médecine et soignait les forçats : mais un soir la prison se révolta, et avec les révoltés Sonia chanta le chant libertaire, et la même salve qui tua son ami et dix autres la jeta sur la neige rougie d'un fossé. Je ne peux plus entendre le prélude de *Tristan* sans la revoir, avec son cou mince, gonflé d'un sanglot, surgi d'un boa de loutre tout élimé....

Bien des amitiés et des amours sont nées dans cet étouffoir, dans l'embrasement arc-en-céleste de ces verrières du Cirque d'Eté, alors que la vague sonore déferlait, et que le vin nouveau des âmes de vingt ans fermentait en cette cuve. L'amphithéâtre du Châtelet n'est point semblable. Nulle lumière n'y parvient : on s'y étage sans le laisser-aller de ce lieu disparu. Au Cirque d'Eté nous flottions dans le joyeux coloris impressionniste : ici chacun s'annule dans un noir de lithographie, dans une opacité de galerie de mine où quelques ampoules rougeoient. Et très haut cette grappe humaine est suspendue, environnée de barres de fer qui semblent l'empêcher de crouler dans le gouffre. De cette noirceur anonyme s'élève parfois un aquilon de cris discords : mais ce n'est plus cette joyeuse insolence de plèbe romaine se manifestant dans la lumière éclatante, et vraiment libre comme devant les jeux du cirque, lorsque, à l'extrémité de l'orchestre, avançant comme une proue, le virtuose apparaissait, visible de tous les points de l'orbe vaste. Paderewski, roux comme un jeune lion, Pugno et Ysaye fourrés et trapus comme deux ours, ou quelque chanteuse toute blanche et mouillée de pierreries, pareille à une chrétienne livrée aux monstres rugissants et ameutés de l'orchestre, tandis que nos milliers de pouces levés ou baissés décrétaient son salut ou sa mort.

L'entassement fuligineux du Châtelet rend moins aisée cette participation de la foule des petites places au drame : il y a scission entre deux zones, le théâtre se passe de bas en haut, alors que l'arène musicale, vraiment propre au concert, permet que la tempête souffle horizontalement sur les têtes riches ou pauvres. Cependant je vais là souvent encore, parce qu'on n'y trouve point de visages blasés, et qu'on y entend des choses intelligentes : et puis j'y ai aussi des souvenirs de jeunesse, et ils font partie de la musique aimée. Que de choses ont changé depuis l'époque où, jeune étudiant pauvre, échappé de la classe de philosophie et la tête toute bourdonnante de systèmes, je courais comparer l'harmonieux néant spiritualiste de Fichte et de Hegel à l'impersonnalité surhumaine du langage orchestral ! Et plus tard, un peu plus tard, la figure souriante et mystérieuse de Mallarmé au promenoir de Lamoureux, la lavallière batailleuse de Charpentier, les remarques douces et subtiles qu'Ernest Chausson me faisait tout bas, la silhouette hautaine du beau ténébreux qu'était alors d'Indy, avec ses yeux de feu noir, et tant de visages qu'on ne reverra plus, et tant de gens qui se sont repentis, et tant de bohèmes qui sont aujourd'hui des critiques confortables, et tout le hasard juste et injuste de la vie, et les amitiés scellées dans un élan d'amour commun pour Beethoven, et oubliées ensuite.... Et votre propre cœur qui change, les dieux de jeunesse qu'on renie, les autels nouveaux que la raison élève sur les ruines de l'instinct, cette peur affreuse qu'on a de se sentir moins jeune, moins vibrant, moins directement ému, plus avare de son frisson, plus économe de ses larmes, cette peur de sentir que, par le travail de termite de la vie, l'enthousiasme se craquèle et s'effrite....

Mais non! Lorsque l'octobre amer ramène les nuées au ciel et l'âme peureuse vers la musique, lorsque l'affiche, absente durant l'été banal, convoque à l'appel le vétéran qu'on est tout doucement devenu, voici qu'au premier accord tout se retrouve : la ferveur reste entière à célébrer, une saison de plus, les mystères de la Bonne Déesse, et la baguette du magicien qui l'honore suscite toujours le même miracle. Quelque grand amour que j'aie eu pour la musique, pourquoi oublierais-je qu'en plus et à part, le concert fut pour moi un admirable document d'humanité collective? Incomparable école d'expression, répertoire de visions pathétiques, incessante révélation des visages, confessions des gestes et des silences, que n'y ai-je pas puisé, alors que hanté de livres, et parfois las d'écouter, accablé d'un mal indéfini, je maintenais mon calme tacite au sein étouffant de cette foule en passion, méditant l'homme, et m'émerveillant de ce que peut contenir de beauté, de spasme, de rêve et de clarté le passant inconnu que la rue va reprendre....

LA MUSIQUE ET LA DOULEUR[1]

Le grand drame a suspendu notre vie intellectuelle.
L'artiste, s'il ne combat point, est douloureusement
oisif : né pour aimer et pour faire aimer, il chôme, il
sent dans son propre cœur pénétrer la haine que les
crimes de l'ennemi lui commandent. On ne songe
plus au poème, au roman, à la statue, au tableau. La
musique, seule, s'élève encore ; mais elle crée
d'étranges scrupules en ceux qui l'adoraient et dont
le concert dominical réunissait la foule fidèle. Quelle
musique entendre, et est-il même décent d'aller en
entendre? Sur tant de chagrins et de deuils, de quel
droit jeter le voile éclatant et splendide des sonorités
dont les âmes se paraient aux heures de la paix et de
la joie ? Voilà ce qu'ils se demandent. Certes, s'il
s'agit de ces rythmes ardents ou presque religieux qui
scandent les hymnes alliés ou la « Marseillaise », et
qui prolongent dans l'infini sonore l'écho de la bataille et le soyeux froissement des drapeaux, ils n'hésitent pas. Mais qu'on les tente par l'annonce d'un
concert, bien qu'ils soient durement privés de l'objet

1. Écrit en 1915.

de leur passion, ils s'interrogent ; même avec l'excuse
d'un but de charité, ils se reprocheraient presque de
s'accorder un plaisir....

Eh bien ! jamais occasion plus pénible, mais plus pro-
bante aussi, n'a été donnée de répéter que la musique
n'est point un plaisir, et que pareil mot ne put jamais
définir une telle source de saint et grave enthousiasme des âmes. Il réapparaît dans notre très noble
angoisse présente, l'éternel malentendu ! Elle se repose, la question des deux musiques.

Il en est une que nous n'avons jamais aimée, parce
qu'elle desservait l'autre, la vraie, et plaçait sur son
beau visage un masque ricaneur. A ceux qui croyaient
que la musique était un amusement, et cette chose
pitoyable qu'on a appelée « un art d'agrément » par
une des pires alliances de termes que l'incompréhension des arts ait jamais inventées, à ceux-là nous
disions : « Le monde sonore, ses extases et ses secrets
vous demeurent muets et clos au milieu du plus
grand fracas instrumental. » Et, en effet, la musique
ravalée à une distraction ne doit plus retentir, elle ne
doit pas plus s'exhiber que les chapeaux tapageurs ou
toutes les babioles de la mode. Si elle n'est qu'une
frivolité, qu'elle se taise avec la honte et la crainte
d'offenser les morts, et ceux qui affrontent la mort,
et ceux qui pleurent les morts ! Et plus tard, même
dans la victoire et la paix, nous espérons bien que
cette musique-là ne sera pas admise à célébrer par
ses fredons et ses entrechats les pensées hautes et
pures que nous exalterons, mais qu'elle sera délaissée
avec toutes nos petites erreurs d'antan. Pour l'instant
tout au moins, agrément ou amusement, médiocrité

aimable, parodie en marge de l'art, son rôle est inconvenant parmi nous.

Mais la Musique telle que la vénéra notre cœur n'est point un plaisir : elle est une religion. Mais le Concert n'est point un lieu où l'on se divertit : c'est un temple. Quelles que soient nos croyances, à cette heure un immense besoin de prière nous emplit. Nous ne demandons pas seulement dans les sanctuaires le salut de la patrie, le repos de nos morts, la sauvegarde de nos blessés, la victoire de nos soldats, le triomphe de notre idéal sur la violence et l'infamie barbares ; nous les demandons partout, chacune de nos pensées est un acte de foi. Les formes sont différentes, l'état de ferveur est en tous.

La Musique prie.

Elle prie, même si elle n'est pas le commentaire précis d'un texte liturgique, messe de Bach, ou motet de Palestrina, ou choral de Franck. Elle prie, par le fait même qu'elle est la plus intense expression collective de cet état de ferveur qui nous possède et nous réunit : et ainsi toute symphonie est une messe dont nous sortons extasiés et améliorés. L'orchestre, jadis, dès l'entrée au concert, prenait toutes nos pensées, tous nos émois, toutes nos peines, et en composait une sorte de vaste poème radieux que nous écoutions, oublieux et dépersonnalisés. Nous lui fournissions les thèmes : avec nos passions individuelles il faisait du calme et de la beauté. Maintenant nous avons à lui apporter, pour son creuset, des éléments bien plus beaux encore : nos deuils et nos espoirs. Il nous arrachait parfois des larmes. Pourquoi donc, aujourd'hui, aurions-nous le scrupule de nous confier à lui, d'aller

y pleurer comme aux pénombres des églises, de lui
demander le grand souffle lyrique qui surélève et qui
console? Il est des chants si beaux qu'ils réalisent
pour l'âme ce divin « sourire au milieu des larmes »,
que le vieil Homère prêtait à l'inquiète Andromaque.
Nous ne nous faisons scrupule ni de l'amour, ni de la
charité, ni de l'espérance, cette tourmente ne nous a
faits ni glacés ni farouches, elle n'a pu briser aucune
des floraisons délicates de la pensée et de l'instinct,
au contraire elle les a épanouies, l'égoïsme est banni
et les cœurs s'ouvrent : pourquoi nous ferions-nous
scrupule de recourir aux consolantes magies d'un art
dont l'effet magnétique est d'unir l'amour, l'amitié,
l'espérance, l'oubli de soi, d'en refaire un chant qui
fortifie et purifie, et dont l'harmonie est l'image même
de notre unisson?

La communion, la prière, ne sont point des plaisirs,
mais des délices pour les âmes croyantes. Pour les
croyants de la symphonie, elle est une prière et une
communion, un délice permis. Pourquoi nous priver,
en jouant sur les mots, de la force qu'elles recèlent,
ces grandes ondes consolatrices, et pourquoi seraient-
elles moins bienfaisantes au concert que celles des
orgues dans la cathédrale? Tout moyen de saine exaltation est béni en de telles heures. Seul un esprit
rebelle au sens profond de la musique, et n'ayant vu
en elle qu'un bruit amusant, pourra appeler divertissement ou agrément une séance où l'on entendra la symphonie de Franck, celle de Saint-Saëns, ou
le *Requiem,* de Fauré. Si, sur les rivages de ces
œuvres, je vois rêver et pleurer, devant la lamentation
houleuse de leurs vastes déferlements sonores, des

femmes endeuillées d'un fils, d'un frère ou d'un époux, essayant d'unir leur peine individuelle à la majesté de ces miséricordieux sanglots, je penserai que leur douleur ne s'est pas mésalliée, qu'elles ne se sont point trompées dans leur légitime recherche d'une effusion et d'une consolation, et que leur pâleur et leurs voiles noirs n'ont point démérité de notre respectueuse et fière pitié, pour avoir apporté le chagrin devant la beauté.

Il n'est pas que la musique « riche de cuivres » pour verser l'héroïsme au cœur des hommes. Toute symphonie est en cela précieuse : je souhaite que les milliers d'êtres pour qui le monde sonore existe n'hésitent pas à demander ce réconfort, en se souvenant de ce bel enivrement qui jadis, au sortir des concerts, dans le froid et la lividité de l'hiver, prolongeait en eux l'illumination chaleureuse des rêves.

Une musique naîtra du drame que nous vivons : avant qu'on ne l'écrive, préparons-en les rythmes et les harmonies, car tout chef-d'œuvre musical n'est que l'expression des pressentiments des foules qui l'attendaient, le faisceau enfin lié de toutes les passions latentes, le cri génial résumant les silences de tous. Mais en attendant que de toutes nos aspirations, de toutes nos anxiétés, de tout le sublime épars autour de nous dans la vie quotitienne, quelqu'un vienne pour refaire la Messe de la Victoire Française, quelle musique devrons-nous entendre? Il en est une que les circonstances imposent, celle qui se borne à exalter le patriotisme. Elle est absoute par avance quant à sa valeur artistique elle-même : sa production est aussi inégale que nombreuse. Les hymnes des alliés sont belles. Notre « Marseillaise » est splendide. Il semble que nous l'entendions et la comprenions pour la première fois. Nous étions lassés de l'ouïr, trop souvent galvaudée dans les comices ou aux carrefours en fêtes, confiée à de douteux orphéons. Faite pour la guerre, elle nous apparaît aujourd'hui dans sa sévère vérité ; dite avec onction, avec foi dans son texte qui est sobre, beau, et superbement juste et actuel en chaque parole, soutenue sans cris inutiles par un chant large et mâle, elle nous va au cœur. D'autres airs, dont on ne discutera pas le mérite, sont, dans les concerts d'à présent, autant de mise que les trophées tricolores de la salle. Mais quelles autres musiques admettre ou rejeter ?

Ici intervient la délicate question de l'exclusion des œuvres allemandes et autrichiennes. Elle ne peut se décider par la raison, mais par l'obéissance déférente à l'instinct public. Plus tard seulement, il sera opportun de reviser la carte de l'Europe musicale : ce sera œuvre de paix. Jusqu'où remontera l'ostracisme dans les temps révolus ?

Aux Allemands Bach, Haydn, Beethoven, Weber, Schumann, Brahms, aux Autrichiens Mozart, Gluck, Schubert, Bruckner, au Hongrois Liszt? Devrons-nous, les brûler comme des idoles ou, préférant les préserver des sifflets et des huées, regretter silencieusement que ces dieux innocents soient les victimes irresponsables de l'exécration méritée par leur descendance? Maintenant, si le sentiment national est, en ceci, comme en tout la suprême loi, il ne faut plus demander à les entendre. Après nos désastres anciens, nous les accueillîmes de nouveau : après notre victoire, si d'autres devront rester proscrits, ceux-ci reviendront un jour d'exil.

Il nous restera à réparer envers la musique française une quantité d'iniques oublis ou d'insuffisantes consécrations, depuis nos maîtres du xviie siècle jusqu'à nos jeunes, et à remplir dignement par eux les vides créés dans nos programmes par les décrets du destin. Il nous incombera de réimposer nos vrais beaux musiciens en face de l'opéra boursouflé et du fade opéra-comique : jamais occasion plus décisive ne nous aura été donnée, ayant la place et le temps, de confronter au bon vouloir du public français les valeureuses réalités de l'école française. Nous aurons enfin à rendre justice à nos alliés. Il y a la symphonie et le drame lyrique russes, de Glinka à Strawinski. Il y a le génie tchèque de Smetana et de Dvorak. Il y a l'école flamande et liégeoise, Gilson, Servais, Peter Benoît, Jongen, Raway, Blockx, Vreuls, d'autres encore. Il y a le lied morave et slovène, la musique polonaise, une jeune école anglaise enfin. Tout cela a été mal connu, sacrifié, éludé, et le vide formidable laissé par la musique germanique pourra du moins être comblé par ces apports jusqu'ici négligés. Ainsi ferons-nous, en attendant l'heure lointaine de la tolérance et même de certains pardons, une œuvre efficace. Qu'on rouvre nos concerts avec des programmes plus curieux et plus larges, les chefs-d'œuvre ignorés n'y manqueront pas, sans que la susceptibilité de la foule ait à s'offenser nationalement, et sans que la beauté soit diminuée. Mais qu'on les rouvre ! Et qu'on ne laisse croire à personne qu'ils sont importuns ou indésirables ! Pour tout music-hall clos, un concert devrait naître. Car la musique, c'est de la méditation, de la dignité, de la foi, de la douleur, et de l'espoir — un bienfait pour toujours, et les victoires ne sont pas seulement ailées, elles sont aussi chantantes!

Hélas! Je ne peux me défendre de songer au plus beau chant que je connaisse dans l'univers orchestral! Il est de Beethoven. Un Allemand? Oui un Allemand d'avant l'Allemagne horrible, un Allemand demi-Flamand d'ailleurs, et toujours malheureux dans son pays qui se riait de lui et tentait d'écraser son immense génie sous la routine professorale, mais un Allemand enfin — et c'est pourquoi on n'ose plus imprimer son nom sur les affiches françaises, et je m'incline. Mais Beethoven a dédié à Bonaparte, libérateur des peuples que nous aidons aujourd'hui, sa *Symphonie héroïque*, et plus tard, quand le chef révolutionnaire se fit despote et s'appela Napoléon, le républicain Beethoven, avec fureur et mépris, déchira la dédicace. Pourquoi ne puis-je, en pensant à nos héros morts, m'empêcher d'évoquer sur leurs tombes la prodigieuse marche funèbre de l'*Eroïca*? Pourquoi surtout m'est-il impossible de ne pas voir dans la sublime *Neuvième*, l'histoire elle-même de notre lutte, et dans les chœurs de son finale l'explosion de joie de toutes les nationalités délivrées de la tyrannie par notre triomphe futur? Ah! l'ironie des naissances, comme le génie la dément! Ce n'est pas à *eux*, c'est à nous, bien à nous qu'il appartient, ce finale inouï dont chaque mot et chaque note répondent à nos espoirs et à notre idéal! Autant que n'importe quelle ville allemande nous devrions pouvoir le conquérir, le prodigieux chef-d'œuvre, et le garder, l'annexer, le leur défendre à jamais, à *eux !* D'une nation vaincue on exige bien des tableaux de musées, et certes, ils en livreront en expiation, les destructeurs de Louvain et de Reims ; que ne peut-on exiger la *Neuvième Symphonie !* Allemande, elle ? Allons donc. Elle serait, le jour où les peuples alliés et les peuples libérés s'embrasseront sur les ruines de la race néfaste, la plus magnifique des Messes d'actions de grâce, et le chant lui-même de la fraternité ! Un Allemand l'écrivit, mais toute l'Allemagne a perdu le droit de la posséder, et ce jour-là l'ombre indignée du vieux Beethoven planerait sur nous !

J'espère que tu nous seras rendue, et que tous les artistes te redemanderont, *Ode à la Joie.* En attendant, puisque notre salut et celui de l'humanité civilisée s'accomplit dans la poignante nécessité des deuils, qu'une réserve injustifiée, qu'une timidité presque ingrate n'éloignent pas des dignités de la Douleur la Musique auguste et consolatrice.

ANALOGIES, PRESSENTIMENTS[1]

L'occasion m'était donnée, récemment, de réétudier l'histoire de la peinture italienne depuis Giotto jusqu'au xviii° siècle. L'utilité et l'agrément des enseignements qu'on est convié à répandre, c'est qu'ils conduisent à mieux examiner ce qu'on croyait savoir assez bien ; et ainsi, la leçon qu'on apportera n'est que le prétexte de celle qu'on prend. Comme tous les arts ne sont que les pseudonymes de l'Art, — ce que l'allégorie des neuf Muses signifie avec une charmante exactitude, il m'était impossible, durant ce travail, de ne point céder à l'attrait logique des comparaisons. Il n'y a pas de décadences, en art, il n'y a que des déplacements de forces : la seule façon de s'expliquer la chute brusque, effarante, de l'art italien après Michel-Ange, cet écroulement inouï au moment même de l'apogée, c'est d'admettre que les forces idéalistes concentrées dans la peinture se sont déplacées et transposées dans la musique. Et en effet, après l'effondrement de ce Parnasse pictural, toutes les personnalités divines se sont retrouvées sur la cime

1. Les dernières pages de cet essai sembleront peut-être au lecteur singulièrement « hantées » s'il songe qu'il fut écrit en 1913.

d'un nouvel Olympe musical. Nous ne possédons point un peintre, depuis ia mort de Puvis de Chavannes, capable de refaire l'*Ecole d'Athènes* de Raphaël et d'y placer les génies de la musique : nous ne possédons pas davantage le Jules II qui voudrait, pour ses chambres, une telle fresque. Mais elle est peinte dans nos âmes.

Ainsi amené à me divertir de certaines analogies, jeu subtil que les gens graves trouvent peu sérieux mais qui amusa toujours un poète, je considé.ais avec curiosité les conditions parallèles de la peinture italienne et de la symphonie. Il s'agit de deux expansions extraordinaires, nées toutes deux du jaillissement irrésistible de la foi, puis d'une dépossession progressive de la foi par le rationalisme et l'humanisme. De Giotto à Raphaël, de Haydn aux musiciens actuels, même courbe intellectuelle. Les tempéraments n'offrent pas moins de similitudes, ils se représentent presque symétriquement. Il y a dans Haydn et dans Haendel les marques du spiritualisme et de l'apostolat organisateur de Giotto; dans J.-S. Bach, l'idéalisme, la logique formelle, la sérénité surhumaine et la mystérieuse mesure de Léonard. La similitude de Michel-Ange et de Beethoven est classique : l'intervention de la *Neuvième symphonie* dans l'évolution de l'art musical est exactement significative au degré de celle de la Sixtine dans la peinture, de même que la *Passion selon Saint Jean* de J.-S. Bach correspond à la création de la *Cène* de Léonard. Que Mozart soit Raphaël ressuscité, mourant au même âge et de la même consomption après avoir interposé, entre l'art religieux et l'art profane, le même concept de beauté pure, de beauté en soi, ni païenne ni mystique, mais simplement fondée sur la jouissance de la ligne et du son, cela a été dit et expliqué. Venise a eu son Wagner qui s'est appelé le Tintoret, et son *Crépuscule des Dieux* qui, à la Scuola di San-Rocco, se nomme le *Crucifiement*. Il nous a été donné de retrouver de nos jours les âmes de Fra Angelico, de de Benozzo Gozzoli et de Melozzo da Forli chez le bienheureux César Franck : il y a du Pérugin en Anton Bruckner ; la psychologie douloureuse et angoissante de Lorenzo Lotto, de Bronzino et de Moroni se retrouve dans la musique interjectionnelle, dans les aveux, dans les fiévreux caprices du Schumann de la musique de piano. Il y a à la fois du Signorelli et du Giorgone dans la fureur coloriste d'un Berlioz, et la grâce tourmentée, le lyrisme inquiet d'un Chopin ont trouvé en Botticelli leur équivalence eurythmique. Le pathétique de Gluck est grave et mesuré dans son énergie comme celui de Masaccio. Il y a du Pinturicchio dans Liszt fantaisiste décoratif, et encore du Tintoret dans le Liszt religieux et dramatique. Je n'apporte aucun rigorisme dans cette notation de nuances et de similitudes, mais elles me plaisent et m'intéressent. Ce sont des esquisses pour la mise en place d'une *Ecole d'Athènes* musicale. Et quand je vois, à l'amphithéâtre des concerts, le bloc de foule moulé par la muraille courbe, le gâteau humain tassé dans la ruche, et dont chaque alvéole contient une âme, je ne peux m'empêcher de songer à ces têtes pressées, à ces grappes de faces béates que les primitifs massaient dans les fonds de leurs Couronnements ou de leurs Assomptions de la Vierge.

De telles pensées m'induisirent à chercher dans la
déchéance de l'art italien mystique, corrompu par
l'humanisme, des analogies avec notre musique actuelle. Sitôt que l'armature a été brisée, l'éparpille-
ment a commencé, et la peinture d'idées, devenue
une simple représentation sensorielle, n'a pu résister
à la terrible antinomie de l'idée mystique et de l'art
profane, que la Rome de Léon X lui proposait. Pareillement, l'édifice musical, religieux et philosophique de Bach et Beethoven n'a pu résister, lorsque
la musique représentative et profane est apparue.
Nous retrouvons dans nos contemporains, les équi-
valents des successeurs de Michel-Ange et de Raphaël,
les éclectiques aptes, par la souplesse servile de leur
talent, à passer du profane au sacré, selon la com-
mande. Nous avons notre école Bolonaise en musique. L'intervention puissante et brutale, plébéienne
résolument, d'un Gustave Charpentier dans l'art
moderne, a le même sens que celle d'un Amerighi de
Caravage dans l'art post-raphaélesque, allant lui aussi
chercher ses modèles dans la populace, et en ex-
trayant un tragique rauque et crispé dont la véracité
directe s'impose comme le pathétique immédiat d'un
accident de la rue. La mesure et la haute sévérité
d'un Vincent d'Indy, pareilles à celles d'un Mante-
gna, sont exceptionnelles et attardées dans cette
fadeur bolonaise; et toute cette musique abondante.
incolore, dont le déversement impersonnel alimente
nos scènes lyriques officielles, j'en retrouve le prototype dans la peinture d'un Jules Romain ou d'un
Pierre de Cortone. couvrant à volonté les murs des
palais des princes romains. C'est la même profusion

indigente. Seul échappe à toute classification un Debussy : mais est-ce que la musique infiniment décorative et polychrome d'un Rimsky-Korsakow, si elle reste inférieure à la puissante noblesse d'un Véronèse, n'a pas l'éclat et la câlinerie d'un Tiepolo, et dans les minuties d'un Ravel, comment ne retrouverais-je pas les sgraffiti, les grotesques chantournés sur fond d'or, les rocailles et les trompe-l'œil divertissants et fantasques des élèves du Pinturicchio, et l'analogue des *singeries* et des *chinoiseries* de notre xviiie siècle ?

Ce n'est pas seulement chez nous que le caprice d'une comparaison me pousse à chercher cette symétrie del 'évolution picturale et musicale. Que Mahler et Strauss se présentent à mon esprit, et je ne pourrai me retenir de voir en eux deux artistes de décadence que le mauvais goût et la puissance indéniable du Bernin ont déjà signifiés. Quand Baccio Bandinelli voulut faire plus fort que Michel-Ange, il créa son groupe d'*Hercule et Cacus* qui, à Florence, provoque la risée : et il y a à Venise, je crois, à moins que ce ne soit à la Brera de Milan, une horreur de Canova dans le même sens. Strauss et Mahler ne font pas autre chose que de donner des doubles muscles à leur musique : elle n'en est pas moins musclée, simplement quelquefois, et il arrive que les faux génies aient du talent.

Je ne comprends pas très clairement la sensible différence du traitement appliqué ici à ces deux musiciens par l'opinion des gens qui comptent ou croient compter. Je suis même fort inquiet de voir qu'on salue en Strauss ce dont on se rit chez Mahler. L'élément tchèque qui introduit du désordre chez ce dernier est pourtant bien plus garant d'une véritable nature d'artiste que le germanisme imperturbable de Strauss. On objecte la banalité des idées musicales du Viennois, opposées à ses grandes prétentions idéologiques ; peut-on trouver disparate plus choquant au monde que le déploiement orchestral de Strauss et son incroyable vulgarité d'idées ? C'est à peine cependant si l'on a osé en dire quelques mots, alors que sur Mahler se déchaîne un hourvari. Que l'admiration d'un homme de talent comme Alfred Casella, celle infiniment moins qualifiée d'autres personnes, incita à protester, il n'en demeure pas moins que l'encens brûlé pour Mahler n'est rien auprès des innombrables cassolettes que la critique française n'a cessé de faire fumer sous les narines avides du compositeur d'*Elektra*. Que si l'on s'insurge contre la prétention de Mahler à recueillir la succession du Beethoven de la *Neuvième*, pourquoi ne dire qu'à demi combien Strauss apparaît la projection géante, et déformée jusqu'au monstrueux, de notre Berlioz ? Et certes il en a les défauts, congestion instrumentale et pénurie des idées musicales, mais il n'en a pas l'âme, toujours sincère et parfois admirable ; au lieu que la sincérité de Mahler confine à la naïveté. Assurément ce n'est point parce que Mahler introduit un solo dans une symphonie qu'il reprend la tradition beethovenienne ; mais il la reprend en ce sens que la *Neuvième* a résolument montré le désir de faire de la symphonie avec chœurs le type suprême du drame de conscience lyrique, en face de l'énorme erreur esthétique de l'opéra. En replaçant au concert le centre d'énergie de la musique, la Messe symphonique indûment transportée par l'opéra sur le tréteau mercantile et souillé, en redonnant à la foule, au concert et non sur la scène, le rendez-vous de beauté sonore, Mahler, — tandis que Strauss meyerbeerise jusqu'au sadisme, — reprend réellement en effet la tradition morale, sinon musicale, du Michel-Ange de l'orchestre. Il refait de la fresque, et non de la décoration de théâtre. Rien que pour l'intention, en tous cas, je le préfère.

Certes, Strauss et Mahler ne sont, aux grands de leur art, que des Bernin à Michel-Ange, et leur complexité orchestrale, dont on s'ébahit, équivaut à ces mille fioritures, à ces draperies toujours gonflées d'un aquilon imaginaire, à ces bosses, ces mascarons, ces amas de coquilles, de fleurs, de corniches et d'oves que le style baroque a prodigués et qui font des fontaines de Rome de si amusantes merveilles de carnaval sculpté. Absurde et indéfendable en soi, ce style baroque, par l'accumulation, atteint pourtant à une certaine grandeur, à un luxe pesant, et c'est bien ce que nous finissons par subir en écoutant ces symphonies « kolossales » de Mahler et ces drames de Strauss, conçus selon l'esthétique d'un Grand-Guignol démesuré, et pleins de laideurs harmoniques dont l'entassement abrupt a pourtant sa beauté. Ces baroques Germains, intervenant tout bottés dans la molle musique de nos Bolonais, ne manquent ni d'allure, ni d'aplomb. Ce sont bien des « cavaliers », comme le Bernin, mais sans la grâce italienne : il y a du houzard chez Mahler et du cuirassier blanc chez Strauss. Comprenons cependant qu'il faut les subir, pour nos péchés, et que nous les étudierons avec profit. Ce qu'on fait ici pour l'instant est si joli, si curieux et si petit! Il est significatif que l'Europe centrale s'émeuve à la voix rude de symphonistes qui écartent le concept de la beauté dans le pays de Mozart-Raphaël et de Beethoven-Michel-Ange, pour tâcher de construire, avec des sonorités, des sortes de balistes, d'hélépoles, de béliers monstrueux, afin d'enfoncer les portes des consciences et de broyer les âmes collectives des foules sous une musique frénétique glorifiant le dieu farouche de la Brutalité et de la Guerre. Cela est affreux mais extrêmement intéressant, à une heure où la peur du banal et la passion du rare fait de nos jeunes musiciens des ciseleurs de netzkés, des antiquaires, des précieux, des chuchoteurs précautionneux et à bout de souffle. Ce qui, peut-être, me trouble le plus, c'est que, dans les récits de ceux qui repoussent l'assaut de Mahler et de Strauss, je retrouve des phrases qu'on a objectées jadis à Berlioz et à Wagner. Les chicanes tout apparentielles de la forme et de l'impression première empêcheront-elles donc toujours d'aller au fond d'une question ? Les temps ne sont-ils donc pas changés au point que chacun doive sentir que d'énormes disproportions intellectuelles séparent ces quatre hommes ? Le seul trait commun, peut-être, à une critique des uns et des autres, est justement celui que je ne vois pas toucher dans les articles prétextés par ces constructeurs de dreadnoughts sonores (j'ai retrouvé chez certains cette image que j'employai jadis) : c'est qu'une fois de plus, la question de puissance est posée par la laideur, en face de la beauté anémiée. Quand Berlioz et Wagner sont

apparus comme un Tintoret ou un Signorelli, ils se
sont trouvés aussi en face d'une mièvre école Bolonaise, d'un groupe de Donizettis, de Rossinis, d'Au-
bers ou de Gounods qui étaient les Carraches ou les
Guerchins de la musique — et ils ont imposé, avec
des laideurs et des outrances, eux aussi, la volonté de
puissance.

Nous en revenons encore là : c'est pourquoi il est
significatif que les mêmes résistances se produisent
contre Mahler et Strauss au nom du goût, de la mesure, de la petite œuvre parfaite, de toutes les jolies
excuses de l'infécondité délicate et dilettante. Les
Barbares n'ont jamais apporté qu'une vérité aux races
latines : c'est que, de temps à autre, l'oubli audacieux du goût est nécessaire, et qu'il faut le coup de
force pour que le cycle de l'harmonie, épuisé de sa
propre perfection, de nouveau se réorganise. Nous
en sommes là, comme nos peintres du xviiie siècle
lorsque, rebutés par les vastes et vides décorations
italiennes et l'énorme délayage de Lebrun, ils se res-
treignirent à de petits cadres charmants; mais c'était
dans le pressentiment d'une grande reprise après un
ravitaillement technique — et alors Delacroix parut.
La musique actuelle ne serait qu'une petite mort, si
nous devions la considérer autrement que comme
un simple prélude, la rumeur d'un orchestre qui
s'accorde, en attendant que la musique de demain,
après ce gentil et bizarre suspens, impose de nouveau
à la sensibilité mondiale l'éblouissement de sa fresque
sonore. Alors seulement on pourra mépriser les deux
Barbares : mais d'ici là ils vaudront que l'on compte
avec eux, car eux aussi, Mahler et Strauss, et plus

encore Mahler le slavo-tchèque, « philosophent avec le marteau ». Il me semble entendre, dans leur vacarme, le cri de l'acier d'une épée brûlante qui se reforge…. Et ce sont les pensées que murmurait, un soir de silence après le travail, le démon de l'analogie.

DE L'INTERPRÉTATION EN MUSIQUE

Le problème de la ressemblance en peinture a son équivalent en musique : c'est le problème de l'interprétation, et les mêmes méthodes de raisonnement les concernent.

Qu'appelle-t-on faire un portrait ? Le vulgaire répondra que cela consiste à reproduire les traits d'une personne, à les transcrire « tels qu'on les voit et tels qu'ils sont ». Or, ce qu'ils *sont* est inconnaissable, la façon dont on les voit varie, et nul ne peut en donner un double, mais tout ce qui est possible, c'est de les représenter, c'est-à-dire, par divers artifices, en donner l'*idée*.

Le portraitiste peut se contenter de chercher la ressemblance du premier degré, réunissant avec banalité des caractéristiques générales. Ce sera le portrait devant lequel tout le monde, visiteurs, amis, parents, domestiques, conviendra au premier regard que « c'est bien Mme X. ». C'est ce signalement, plus adroit et plus coûteux que la photographie peinte, qu'on relève presque toujours dans les salons. Si le peintre s'élève au second degré du problème de la ressemblance, il peut, engageant une lutte psychologique avec le modèle qui se défend, parvenir à faire le portrait de ses sentiments, de ses instincts, de ses passions, et lui présenter ainsi un miroir où le modèle lira ce qu'il n'avouait presque qu'à soi-même. Les indifférents jugeront ce portrait moins « ressemblant », alors qu'il le sera davantage pour les intimes. Il n'exprimera pas l'extériorité permanente, banale, de la personne, mais une heure de sa vie morale, l'affleurement de son plus violent sentiment secret. Si enfin le peintre est tout à fait un grand artiste, il contemplera la créature assise devant lui. Il l'analysera dans son cœur et dans sa forme charnelle, il saura ce qu'elle fait croire d'elle à autrui, ce qu'elle pense d'elle-même — et de tout cela composant sa propre synthèse il peindra *son opinion sur son modèle*. Là il n'y aura presque plus de ressemblance pour le vulgaire : sans yeux, sans âme comparables à ceux du maître, il s'écriera : « C'est bien elle, et pourtant nous ne l'avons jamais vue ainsi. » Et le modèle lui-même ne se reconnaîtra qu'à demi, disant à son peintre : « Vous avez fait surgir de moi des expressions que j'ignorais avoir, vous avez lu en moi des textes que je n'avais jamais pu traduire. »

Ce sera le portrait, tel que Ricard ou Whistler l'ont conçu ; Ricard, après quelques sérieuses séances d'étude des plans d'un visage, conversait, sans peindre, avec son modèle : puis il travaillait seul, surajoutant ses souvenirs à la structure matérielle de la figure. Le portrait fini, il faisait venir son modèle, et, le plaçant à côté de sa toile, disait doucement : « J'ai plaisir à voir comme vous ressemblez à votre portrait. » Il vérifiait la réalité par la pensée qu'il en avait extraite. Et c'était peut-être le dernier mot qu'un homme pût dire sur ce bizarre problème de la ressemblance : car il n'y a là qu'une fiction idéologique. La voix et les yeux dessinent et envisagent non point ce qui « est », et ce que nul ne peut définir et saisir, mais *l'idée que l'artiste s'en forme*. Les réalités de tout être sont constituées par une succession d'aspects physiologiques. Les autres êtres se comportent vis-à-vis de lui et de son intangible réalité absolue comme les innombrables clichés successifs d'un cinématographe. L'anatomie d'une femme ne varie pas, elle existe en soi : et pourtant si en l'espace de dix minutes cette femme est montrée à des passants inconnus d'elle, à son amant, à sa mère, à sa fille ou son fils, à sa femme de chambre, à son peintre, à ses fournisseurs, aucun n'en gardera la même image, elle sera reconnue de tous d'après cent clichés instantanés et différents. Et ce ne seront pas les yeux qui créeront cette dissemblance : ce seront les manières de penser. Ce seront les idées différentes que se seront formées les gens suivant leur intelligence, leur affectivité, leur degré de parenté ; ce seront ces idées qui imposeront aux yeux une vision spéciale de la personne physique présentée à toute une série d'individus. Nous sommes ainsi faits que nous ne considérons la matière qu'avec un idéalisme absolu, et si sur un visage peint nous reconnaissons l'opinion que nous nous fîmes du caractère du modèle, nous nous écrions que cette tête lui ressemble.

Cette digression s'expliquera si j'en viens à présent à dire que les choses ne se passent pas autrement en musique, malgré l'immatérialité apparente de cet art, ou, si l'on veut, à cause de l'immatérialité véritable de la peinture : car tout fait d'art est une question d'idéologie où la matière n'intervient que secondairement, et la différence entre la musique, la poésie, la sculpture et la peinture ne consiste pas du tout dans le fait d'employer de la couleur et du bronze visibles et tangibles, ou simplement des syllabes et des notes impalpables. Le mystère de l'interprétation en musique, qui a donné lieu à de si irritantes polémiques, à de si troublants scrupules, ce mystère peut être sondé par les mêmes méthodes que celles qui nous permettent d'établir les degrés de la ressemblance.

Une sonate, une symphonie, doivent être jouées. Comment ? Il s'agit de « faire leur portrait » c'est-à-dire de les peindre, d'après leurs plans notés, avec le coloris des sons : car la musique écrite n'est pas la musique, c'est *une recette pour faire de la musique*, exactement comme un disque de phonographe. Or, comment faire ce portrait ? Les indications de mouvement sont notés par l'auteur, il n'y a qu'à les suivre ; c'est bien simple, et même c'est un devoir. Voici l'opinion courante. Observez que le visage à reproduire est là, lui aussi, avec ses plans, ses lumières, ses volumes, et qu'il n'y a qu'à copier, les indications étant données par la réalité physiologique. Cependant le peintre ne peut rendre que l'idée qu'il s'est faite : il en est donc de même, et plus encore, en présence d'indications musicales qui sont des notations de sentiments. Nous pourrons encore bien parvenir à tomber d'accord sur le volume d'un front ou la courbure d'une lèvre, en mesurant au compas le modèle et le tableau. Mais quel est, dans quel coin du monde, le psychologue capable de nous dire ce que Frédéric Chopin entendait dans son âme, dans la vibration de son système nerveux, en se prononçant à lui-même le terme par exemple de *rubato* ? Evidemment cela ne ressemblait pas plus au sens donné par un lexique italien, que le visage d'une femme contemplé par un amant fou d'elle ne ressemble à ce même visage regardé par son coiffeur. Le problème de la ressemblance se repose en présence des termes musicaux exactement comme en présence des expressions de physionomie. Le principe de suivre les indications de l'auteur, n'a pas plus de valeur spécifique que le sophisme de « peindre ce qu'on voit tel que cela est » Evidemment ce serait l'idéal, et le comble de la déférence envers l'auteur, que de rendre comme il concevait : mais dès sa mort ce vœu ne saurait être ratifié par une possibilité logique de réalisation. Un honnête scrupule a fait inventer, pour remédier à cette cessation du courant magnétique, ce qu'on a appelé « les traditions ». Il est aisé constater qu'elles s'affaiblissent et se déforment rapidement dès que les disciples ont perdu le contact immédiat du maître. Eux-mêmes deviennent des maîtres, critiquent le leur tout en le révérant, l'oublient, cèdent à l'instinct de substituer peu à peu leurs idées aux siennes ; et après eux la « tradition » léguée n'a plus que la valeur d'un préjugé transmis, la valeur de l'opinion des fournisseurs ou des passants sur la personne peinte dont nous parlions.

En réalité la musique écrite, si elle n'est pas un thème à expressions sans cesse renouvelées, et si on la considère comme le testament intellectuel d'un disparu, est inconnaissable en soi, quoique imprimée, autant qu'un visage, quoiqu'on puisse le toucher. Déjà des auteurs vivants ont peine à s'entendre avec des interprètes, relativement à l'expression de tel ou tel passage. Ils en disputent, et sont obligés de s'expliquer mutuellement leur façon de comprendre les termes qui désignent les gradations de l'expression. Il serait franc de convenir qu'aucune tradition ne vaut relativement à des disparus, et que les soi-disant autorités, lettres du compositeur, façons d'interpréter de ses amis, opinions de l'époque, etc., n'ont aucune valeur absolue et perdent même leur valeur relative, à mesure que le temps s'écoule. Il vaudrait mieux convenir de cela, et aller plus loin dans la renonciation à cette honorable mais fausse idée de « devoir de fidélité à la pensée de l'auteur ». Il faudrait dire que ce n'est pas le but de la musique, et que l'auteur n'y tenait pas — car c'est là la vérité.

Revenons pour un moment à la peinture, car les arts s'éclairent les uns par les autres. Nous voyons, après des siècles d'adoration, la Joconde. Est-ce celle de Vinci ? Non. Celle que Léonard peignit est cachée sous celle que nous voyons. Non seulement la couleur a changé sous l'action du temps, mais moralement, l'œuvre a changé. C'était le portrait d'une dame d'Italie. A présent c'est bien autre chose : c'est la Joconde. La dame italienne ne nous intéresse aucunement, et le portrait serait-il de pure imagination que notre pensée n'en serait pas modifiée. Il y a sur cette toile de Léonard et sur Léonard lui-même plus de quatre cents ans de contemplation ardente, d'émotion, d'interrogation passionnée, de mystère et de gloire : cela, c'est notre travail, c'est notre façon de collaborer, c'est *notre* Joconde. Or, dirons-nous que

c'est défigurer et trahir les intentions de Léonard que
de prendre son œuvre dans cette acception spéciale ?
Non certes. Il était trop profond pour ne pas le prévoir,
et il travaillait pour plus loin que sa vie mortelle :
il nous a légué ce thème pour que nos passions, nos
curiosités, en écrivissent la symphonie. Il nous a indiqué, lui aussi, des nuances multiples sur ce visage
redoutable : mais il nous a ordonné silencieusement
de faire là *nos* nuances. Sa Joconde comportait en
puissance, comme un cadre prêt à recevoir toutes
peintures, toutes les Jocondes que nous penserions :
et chacun de nous en crée en lui-même une différente à chaque visite au Louvre, selon le temps et
l'humeur, la couleur du ciel et la couleur de l'âme.
Eh bien ! il n'en est pas autrement pour une symphonie
de Beethoven ou toute autre musique. Assurément
la neuvième symphonie, glorieuse, formidablement
acclamée, n'est plus du tout l'œuvre qu'on refusait d'exécuter et d'entendre : elle n'a pas été faite par
Beethoven pour durer quelques années. Les œuvres
sont des enfants qui deviennent des hommes et que
leurs pères laissent aller par le vaste monde. Ils les
ont formés, surveillés, stylés, mais il vient un
moment où ces enfants ont leurs idées, leurs amours,
et où la protection morale de l'auteur sur son œuvre
ne devient plus qu'une entrave morale. Il y a une
collaboration, à laquelle nous engagent les indications
de nuances. Il ne s'agit pas de transmettre indéfini-
ment une pensée d'auteur ; car lui-même l'a diluée
dans l'océan musical, et la musique est toujours plus
puissante que celui qui la fait naître. Il s'agit de
créer le plus d'états d'âme possible ; c'est pour cela

que l'auteur a dit le sien, c'est pourquoi la musique a été écrite, et sans cela elle n'aurait pas de sens.

Il n'y a pas à se dissimuler que c'est la licence, offerte aux virtuoses et aux orchestres, de déformer les œuvres et de les contaminer de leur propre emphase ou de leur propre fadeur. Et il est très vrai que même de grands virtuoses en prennent à leur aise, modifient les mouvements, arrangent et défigurent et l'objection est forte. Cependant il n'y a qu'à répondre qu'assujettis à la tradition ou non, ils feront toujours mal, car la musique qu'on joue est le révélateur de la qualité d'âme que l'on a. Le pianiste qui joue « ce qui est marqué », c'est le peintre qui représente Mme Z. « comme tout le monde la voit ». Le pianiste qui essaie, en étudiant la vie de l'auteur très soigneusement, d'identifier la genèse de l'œuvre et tel épisode de vie intime, celui-là cherche à savoir ce que son modèle a pensé de lui-même, et il fait de l'interprétation, comme de la ressemblance, au second degré : il collabore. Le très grand pianiste est celui qui prend l'œuvre comme le masque de l'homme lui-même, en scrute la pensée, ne se sert des mouvements indiqués que comme de renseignements (et souvent de contre-indications), démêle le véritable sentiment qui animait l'auteur, en juge la vie et la productiou globalement, à distance, les situe dans l'histoire, et nous dit alors par jeu : « Voici à quel degré de douleur, de passion et de gloire me semble être aujourd'hui, tant d'années après sa naissance, la sonate *Appassionnata*, fille de Beethoven ». Exactement comme la Joconde vue aujourd'hui est la descendante transformée de la dame qui posa devant Léonard.

Quant à la *vraie* Joconde, nous ne savons rien ; quant à la *vraie Appassionnata*, nous avons un manuscrit et des mots qui indiquent, au long du grimoire, de quelle façon, et à peu près dans quel sens, émouvoir des sonorités en transmettant les ordres de ce manuscrit. C'est tout. Il est évident que ceci, c'est le moyen de réaliser la sonate ; elle-même gît, invisible, dans l'imagination de chacun de nous. La *vraie* œuvre, c'est celle-là, c'est l'Idée de *l'Appassionnata* flottante dans l'univers. Mais que chacun en chante des fragments en soi-même, s'amuse à en déformer les mouvements parce que son plaisir en devient plus aigu ou que sa manière de concevoir s'en accommode mieux, qu'importe ? Il n'y a aucun sacrilège, aucune faute musicale, à se chanter un Nocturne de Chopin lentement alors que le mouvement en est indiqué plus rapide, et pas un artiste qui, essayant ce jeu, n'ait avoué : « Ceci peut se comprendre également et est très beau de cette manière ».

Et qui sait si Chopin ne se changeait pas à soi-même ses mouvements, quand il se rejouait seul chez lui, comme on raconte différemment une même douleur ? Qui sait si Chopin jouait bien Chopin, et si nous n'avons pas plus raison que lui ? Honorons les mémoires, mais n'oublions pas que les œuvres sont libres, que les adorer et les préserver de l'oubli, c'est les nourrir de notre sang et de notre passion, c'est les interpréter, c'est, en réalité, acquérir le droit de faire jaillir d'elles des beautés en puissance que leurs auteurs n'ont pas connues et qu'il nous incombait de rendre visibles. Le petit auteur secondaire s'effraie de cela, il tient à « sa pensée », il se fâche, il accumule les notes et les admonitions pour qu'on ne joue que ce qu'il voulait : il met son œuvre en viager et ne prévoit pas loin. Mais le génie sait que l'interprétation c'est la vie future, que sa trahison est le transformisme lui-même : Léonard en peignant Monna Lisa, la voyait dorée par les siècles dans quelque galerie. La liqueur d'or qui enduit, au crépuscule, les colonnes ruinées du temple de Pœstum, c'est de l'interprétation faite sur un thème de sculpture antique par vingt siècles d'immortalité ensoleillée : et l'homme de génie qui les dressait neuves et trop blanches sur le ciel bleu avait aussi dans l'âme la vision future de leurs beaux corps ambrés tombés parmi les buissons de roses....

LE CONCERT DISLOQUÉ[1]

Je suis allé, un de ces récents dimanches, revoir ce peuple étrange de l'orchestre dont j'aimai tant, jadis, dépeindre ici-même le geste multiforme et l'entente magique. De nouveau, quittant la forêt pluvieuse et douce, à qui le vent d'octobre, avec une plainte timide encore, dérobait des feuilles d'or pour les mêler à la boue, je suis venu m'accouder à ce balcon d'amphithéâtre où l'on est si mal, mais d'où l'on hume, de toute sa face éblouie et brûlée, la vapeur de foule et de musique qui monte du gouffre rouge et noir de la salle. Il n'y a peut-être pas une de ces places d'hémicycle où je ne me sois assis jadis, étudiant, et où, les tempes serrées entre mes mains fiévreuses, je n'aie senti autour et au-dessus de moi l'enfièvrement de centaines d'autres inquiets de ma race, comme moi dilatés et penchés, esclaves de la déité mystérieuse, sortant ivres et courbaturés après l'oracle. Là, sur ces pauvres banquettes, ont siégé avec moi nombre de mes plus chers fantômes, et j'ai connu la beauté de vivre et la joie amère des rêves qu'on ne saura jamais réaliser. J'y reviens toujours, non seulement parce qu'on y entend

1. Écrit en 1910.

mieux et que vingt ans de travail n'enrichissent guère
l'écrivain que seul tenta le luxe d'être indépendant,
mais encore parce que je ne serai jamais de ce public
des places chères qui n'apporte en un bon fauteuil
ni foi ni souffrance. Je n'ai de souvenirs que là-haut,
sous ces arceaux obscurs où se fige, anonyme et noir,
un bloc de foule ardente que la flamme de l'orchestre
fait parfois rougeoyer.

J'y étais donc, aussi jeune de cœur que jadis : mais
j'ai mesuré le temps parcouru, et l'usure subtile des
années, en sentant combien mon désir était devenu
plus difficile à satisfaire. Pour la première fois j'ai
vraiment souffert d'une chose à laquelle je n'avais
encore pris garde que par simple manie de logique et
de raisonnement : le disparate des programmes. Autrefois, assoiffé de sonorité, glouton d'harmonie, sans
retenue, sans discernement, accouru là pour entendre,
et pareil à l'homme qui, dans une plaine au matin,
ouvre la bouche pour le seul fait de boire de l'air
pur, peu m'importait de passer d'un siècle ou d'un
style à l'autre, d'ingérer pêle-mêle les hosties de toutes
les messes ou, si l'on veut, les alcools de tous les
flacons : la musique, et rien de plus, toutes les
musiques, pourvu que l'orchestre chantât! Mais à
présent.... Je ne sais si le temps a usé en moi quelque
peu d'enthousiasme, ou si le besoin de composition
homogène, d'ordre, de proportion, de goût, se révèle
plus impérieux : j'ai du moins ressenti le malaise
d'une trop évidente discordance.

La noble ouverture « pour la Bénédiction de la
Maison », de Beethoven, venait de dérouler son cortège familial, simple et fier. Deux minutes de pause

et la *Symphonie Héroïque* apparut, la grande Eroïca
aux vastes pourpres, cette frise des Panathénées vivante et sonore, et après les jeux et les rites d'un peuple
lyrique ondoyant dans une atmosphère glorieuse et
dorée, l'immortelle marche funèbre conduisit au
tombeau et à la résurrection dans l'histoire le Héros
exalté par sa race. Cette marche, c'est la grande Décoration de la Mort; tout y dément le néant auquel elle
conduit, tout, idées, clairons, hommages, y proteste
contre la disparition d'un génie que son corps abandonne et qui devient pour jamais exemple et souvenir. La tristesse qui s'y exprime est toute imbue de
sérénité métaphysique : elle s'oppose à l'autre marche,
celle de la Vᵉ Symphonie, affreusement intime, et
fatale, et pleine d'un horrible silence, celle-là, où le
deuil furtif se traîne avec des sanglots spasmodiques
dans la pénombre, où tout est étouffé et obscur, où la
mort chemine au petit pas de son cheval et au son lugubre du tambour voilé. Là, Beethoven a touché le
fond de la désespérance : dans la marche de l'Eroïca,
qui est une fresque splendide, le deuil n'est que calme,
foi et beauté, certitude de l'intangibilité de l'âme,
pompe voulue et conduite par un peuple que son héros
a laissé fort, libre, et prêt à un ferme avenir.

L'Eroïca s'achève comme elle a débuté, par des
jeux, par les méandres d'une foule vigoureuse que
soulève un rythme multiple et sain ; la hardiesse lucide
du génie de Beethoven y noue et dénoue les groupes
altiers et subtils de motifs pareils à de jeunes guerriers
autour du bûcher d'Achille — et tout laisse en l'esprit
l'émotion harmonieuse d'une fête d'apothéose dont
la mort n'est plus que l'un des éléments naturels,

prévus et presque sans tristesse plausible. Jamais on ne fera mieux sentir la différence d'interprétation que la mort peut recevoir d'une foule ou d'un seul être humain, qu'en se référant à ces deux marches funèbres également sublimes et si dissemblables pourtant !

Dans une l'esprit s'incline, se résigne et rayonne ; mais dans l'autre le cœur bat atrocement....

J'en étais là de mes réflexions à l'entr'acte, lorsque revint le peuple noir et singulier, ressaisissant ses outils pour forger ou tisser sous mes yeux les réseaux d'or ou de soie que la musique jette sur les rêves.... Alors la flûte de Blanquart, le violon de Touche et le piano de Mlle Selva s'accordèrent pour le paisible *Concerto brandebourgeois* du vieux Bach, candide, frais et robuste — et il fallut oublier la douleur. Mais aussitôt après que ces trois stylistes impeccables et raffinés eurent modulé leur dernière note, la douleur réapparut. Le programme annonçait un *Chant funèbre*, d'Albéric Magnard. Assurément, de cette composition un peu longue et lourde, où quelque scolastique insiste trop, il sied de louer la belle plénitude orchestrale, la dignité de style et l'éloquence des timbres. Mais comment est-il possible que, sans désobligeant machiavélisme envers l'auteur ou sans un regrettable insoupçon du sentiment du public — je laisse le choix à M. Pierné — on élise, pour présenter très tardivement un musicien de mérite, non seulement une œuvre vieille de quinze ans et sans doute surpassée depuis, mais encore et surtout un *Chant funèbre*, après, grands dieux ! la Marche de l'Eroïca ? S'il est possible d'imaginer que deux cérémonials funèbres se succèdent en un même concert dominical

sans que la foule soit rebutée par le second, est-il
admissible qu'une composition moderne « tienne »
auprès d'une page aussi formidable ? Et je le dis à
M. Magnard, qui donc « tiendrait » ? Où existe-t-il un
auditeur capable d'avoir consacré à l'Eroïca la somme
de sensibilité et d'émotion qu'elle comporte, et d'en
avoir gardé une réserve pour une œuvre similaire ?
Pour moi, j'eus la sensation de l'absurdité. J'ai pu
apporter de l'attention, de la sympathie, un jugement
déférent à l'audition d'une œuvre dont l'auteur mérite tous égards par sa vie probe, modeste et hautaine :
je n'y ai pas apporté d'émotion, parce que je n'en
avais plus.

Après ce non-sens, tout alla de pis en pis. Un
monsieur distingué, semblant content de lui, malgré
un trac obligatoire, correct en son frac comme en son
trac, s'avança et chanta avec une bonne méthode
trois gentilles petites romances de la vieille école
italienne ; il souriait, il susurrait, il était enchanté de
nous faire plaisir par son talent, et quand il eut fini
ses trois petites romances, il fit trois petits saluts puis
s'en alla, sans qu'on lui fît rien. Pourquoi, oui,
pourquoi ce monsieur si aimable ? Pourquoi, en cet
énorme vaisseau, après deux marches funèbres et
l'allégresse du père Bach, ces trois minimes papillotes
italiennes, ces trois bluettes fanées, dont l'audition
eût été logique dans la petite salle de la Schola ? Et
puis, comme on ne semblait plus du tout savoir de
quelle façon finir, après que ce malencontreux mur-
mureur eut cessé de murmurer ces jolis tout petits
murmures, alors la baguette de M. Pierné, magique
mais peu féerique, nous jeta d'Allemagne en Italie

et d'Italie en Espagne, et le *Capriccio espagnol* du
Russe Rimsky-Korsakoff éclata, scintilla, gambada,
fit claquer ses castagnettes, roucouler ses flûtes, péta-
rader ses tambourins, grincer ses guitares et clamer
ses trompettes, avec toutes sortes de câlineries, de
brutalités, de chatteries, de roueries, de prestesses,
de provocations et de tintamarres ! C'est d'ailleurs, de
toutes les choses superficielles, une des plus amusantes qu'on puisse entendre, traitée follement par
un maître très sage et très fort : et on y trouve tout
ce que Ravel a mis plus tard dans sa *Rapsodie espa-
gnole*, avec autant de surprises et beaucoup moins de
dislocation. Du Russe ou du Français, je ne sais
lequel a vu le plus faussement l'Espagne, que je n'ai
pas vue, et ni eux non plus, peut-être : mais je préfère le Russe, parce qu'il a gardé le souci d'une ligne
et d'un style....

Eh ! bien, variété, je ne t'aime pas quand ton nom
est incohérence ! Oh ! je sais bien qu'il faut qu'un
programme soit éclectique, qu'il y a mille nécessités :
un roulement d'œuvres, la place à trouver pour les
écoles anciennes, une nouveauté, des solistes à inter-
caler, le chant auquel faire droit, et toutes les raisons
administratives, et le bon sens, et le reste, et que si
j'étais directeur de concerts je verrais, et qu'enfin...
Oui, je sais tout cela ! Mais je sais aussi, obstinément,
qu'un tel programme, composé d'œuvres de valeur,
est bête et laid de par sa façon de les grouper, et laisse
l'esprit et l'âme en détresse. Deux marches funèbres,
des ariettes et un tapage espagnol ! Un des lieux civi-
lisés les plus sots, les plus choquants et les plus vilains,
c'est un Salon : voir une femme nue au-dessus d'une

vache broutante, une nature-morte auprès d'une mer
en fureur, un général désignant de son sabre un bou-
doir Louis XV, un Apollon qui joue de la lyre en
regardant des cardinaux qui déjeunent, un régiment
fusillant un bouquet de roses, rencontrer cette absurdité durant des kilomètres de galeries, c'est une des
éventualités les plus bouffonnes et les plus tristes
dont le prétexte des beaux-arts ait jamais fait courir
les risques à la mentalité d'un homme sans défiance.
Je croyais que l'imagerie seule comportait de telles
aventures : je n'avais pas encore songé que la musique pût les courir. Je n'avais pas encore éprouvé
qu'une succession d'œuvres jouées sans défaillance
pût donner la sensation qu'on a joué faux.

Et, en réalité, si le concert est un corps sonore
dont chaque œuvre entendue est un organisme, c'est
un monstre que l'on m'a présenté, et mon après-midi
de beauté m'a laissé le souvenir confus d'une laideur,
comme une visite en un Salon. Il y a là un vice indéniable, dans la composition de programmes que
l'esthétique des musiques de squares semble encore
inspirer. Fâcheux discord, bariolage illogique et bles-
sant ! A qui fera-t-on penser qu'un but d'éducation et
d'initiation raisonnée du public soit par là poursuivi
et atteint ! Je sais ce que vaut la donnée d' « éclectisme
bienveillant et nécessaire » qui s'impose à l'esprit des
organisateurs de concerts; elle devrait logiquement
aboutir à jouer Suppé, Bach, Lenepveu, Mozart, Berlioz et Audran pêle-mêle, pour complaire aux diverses
mentalités d'un public réuni. Il siérait de donner des
gages à tous les groupes, comme on le fait à la
Chambre lorsque les ministres sont choisis moins

pour leurs capacités individuelles que pour contenter
les diverses parlottes dont ils sont issus. Mais la musique n'est pas la politique, et un programme ne peut
plus être ce qu'il était au temps lointain où les gens
venaient entendre de la musique pour passer le temps.
Il semble — et en cela les programmes de M. Chevillard valent ceux de M. Pierné — que nos chefs
d'orchestre et organisateurs ne veuillent pas se douter
de la grande évolution accomplie, du sens de synthèse
qui doit régir désormais une rédaction de programme.
Il ne s'agit pas d'admettre des contrastes de style et de
sensations qui se nuisent, s'annulent mutuellement,
et créent le chaos dans l'esprit de qui vient chercher
plus de lumière, mais au contraire de corroborer des
énergies et d'intensifier de morceau en morceau l'émotion produite. Qu'un concert soit semblable à une
exposition particulière (seule forme raisonnable et
belle d'une exhibition de peinture), c'est là ce que
des concerts dits populaires ne peuvent que rarement
réaliser, c'est l'œuvre du concert privé : soit. Mais
qu'un programme soit construit dans une donnée,
sur une dominante, comme la symphonie qui est
son prototype, qu'il commence, grandisse et s'achève
selon le développement d'une idée générale, c'est là
ce que peut exiger l'auditeur ! Autrement ce n'est
qu'un arlequin.

Qu'on nous donne tout un concert de musique
allègre et décorative, où chaque auteur apportera de la
variété ou qu'on nous maintienne dans une atmosphère de gravité solennelle, ou de douleur, ou d'enthousiasme, en épuisant toutes les formes d'un même
sentiment, — et la musique est si riche qu'un seul

concert n'y suffirait pas! — ce sera autrement profitable et rationnel que ce chaos grossier qui s'oppose
au plus profond besoin de l'esprit, la coordination des
contrastes. Il serait désolant d'en revenir à l'antique
habitude des délicats qui venaient à l'Opéra pour
entendre un air, et sortaient sans se soucier du reste
de l'œuvre; c'est cependant ce que nous invitent à
faire nos chefs d'orchestre. Assurément je serais venu
rien que pour l'Eroïca, rien que pour satisfaire ma
légitime curiosité de l'œuvre de M. Magnard, rien que
pour le jeu de Mlle Selva, ou même rien que pour la
joie légère du *Capriccio* : mais venir pour en subir
la disparate réunion n'équivaut qu'à emporter le souvenir d'une séance manquée, parce que les harmonies
et les sensibilités ne correspondaient pas, et que le
tableau musical envisagé en son entier était gâté par
d'énormes fautes de valeurs et de proportions.

Je sortis me répétant qu'un concert — s'il n'est pas
une distraction vaine mais un spectacle d'art — est un
corps vivant que doit animer une respiration harmonieuse et qu'on y doit sentir, de par un choix très sûr
et très subtil dans la diversité, cette continuité de la
vitalité sonore qu'on appellera, faute d'autre terme,
la Tradition — tout le contraire de l'esthétique
du pot-pourri! que nos directeurs de concerts,
bons musiciens pourtant, semblent adopter. Le pot-
pourri : le hasard d'une corruption de terme a fait
le mot aussi affreux que la chose. Puissent-ils le
comprendre, et laisser aux théâtres officiels la sottise
de ces mortelles représentations de gala où l'on sert
des fragments de chefs-d'œuvre à des gens qui ne les
écoutent pas! L'émotion musicale est à ce prix, et

la dignité du concert, qui n'est pas un lieu de plaisir,
mais la chair et le sang d'une communion de l'âme
avec les âmes.

LE CONCERT ET LA NEIGE[1]

Un soir de décembre, en mal de musique, éconduit au seuil d'une Salle Gaveau surpeuplée où d'avides mélomanes ne laissaient espérer le moindre strapontin au banlieusard que je suis, décidé à tout cependant pour entendre des sons conjugués, je me suis acheminé, blotti au fond d'une pelisse et d'un fiacre lugubre, sous la neige et le grésil, vers ce Quartier latin où je ne vais à peu près plus jamais, et je suis allé demander au concert Rouge ce que l'implacable Chevillard refusait à ma passion.

Il n'y là ni girandoles, ni zibelines, certes, et le lieu est plus que simple, dès la logette exiguë qui est tout le péristyle du temple et où les flocons, chassés par l'aquillon, entraient en dansant et tourbillonnant avec les fidèles. Mais aussitôt toute ma déjà vieille âme d'étudiant m'a réintégré tout entier, j'ai senti que j'allais être heureux. Il m'avait suffi de traverser le trottoir pour entrer là en bonhomme Noël et comme les autres, je secouais sans façon la blancheur glacée de ma tête et de mes épaules, imaginant, en symboliste incorrigible, me délivrer tout à coup du

1. Écrit en 1913.

fardeau des années chenues. Le sol froid restait hostile aux pieds, et chacun demeurait emmitouflé et couvert. Ce décor vétuste d'ancien café mérite, en jouant sur les mots, le nom de Rouge par l'abondance des andrinoples qui l'avivent d'un luxe cardinalice encore que sans prétention. Il rougeoie jusqu'à donner presque, en dépit du combustible absent, l'impression de la chaleur à qui s'y réfugie, et la fumée des cigarettes permises ajoute à l'illusion qu'il soit, comme un soir de Baudelaire, « illuminé par l'ardeur du charbon. » Et cependant il n'en est rien. Mais là où il y a de la musique, tout s'oublie.

Je regardais avec plaisir cette estrade étroite où se groupaient, — quelques hommes et deux dames — ces ouvriers du métier auquel j'aurai dû le plus de joie et de reconnaissance au monde. C'était à peine un peu plus qu'une famille, serrée autour des instruments et des pupitres : des visages sérieux et intelligents, jeunes, hormis Jemain dont d'ailleurs le grisonnement semble plutôt poudré que réel. Dans ces petits orchestres, on peut voir de tout à fait près les musiciens, ce n'est plus la grande corporation noire et blanche aperçue d'un balcon de théâtre, globale et anonyme : chacun garde son individualité. On croit deviner celui qui deviendra un grand virtuose célèbre, on s'intéresse au plus modeste qui, toute sa vie, sera un bon exécutant probe et obscur. C'est très beau, ces masques d'artistes graves. L'amour du dieu qu'ils servent ensemble donne de la noblesse aux visages même ingrats : des pâleurs, de beaux méplats, des fronts larges sous la mèche romantique traditionnellement défaite, et ces mains qu'ils ont tous si intéressantes, ces mains nerveuses, maigres, raffinées, raçées, ces mains qui étreignent et caressent, ces mains de frôleurs de cordes et de touches auprès desquelles la plupart des mains humaines sont bêtes !

Dès qu'elles se mirent à jouer, ces mains-là, je sus que le respect de la musique les inspirait. Il y a dans cet orchestre restreint du concert Rouge l'intimisme de la musique de chambre et l'émotion d'une phalange bien plus vaste, obtenue par une discipline parfaitement harmonieuse dans la proportion réduite des sonorités. Les orchestres des premiers temps symphoniques ont dû être tels. Il n'était pas besoin alors de foules concertantes dans d'immenses vaisseaux : un clavecin, quelques cordes et bois, et c'en était assez pour le culte et pour l'élévation de l'âme, parce que les officiants avaient la foi comme les assistants. Il m'a semblé être reporté bien loin en arrière, dans ce vieux coin de Paris où, un beau jour, la vraie musique est venue répondre aux désirs des étudiants pauvres, dans ce vieux coin de Paris où jadis je déambulais avec Moréas ou Marcel Schwob, où nous disions des vers dans la nuit, où nous rencontrions Verlaine.... Et comme les gens qui m'entouraient écoutaient bien ! On ne sait écouter la musique en toute simplicité du cœur que dans ces endroits restreints et sobres où il n'y a ni cérémonial, ni toilettes, où personne ne vient pour être vu ; et tandis que la rafale faisait rage au dehors dans la déserte et archaïque rue de Tournon, il y avait vraiment là un concile d'âmes ardentes qui se serraient autour d'un feu. Les cadences du vieux père Bach tombaient droites et franches comme des débats d'épée, leurs rythmes évoquaient la santé, la belle humeur, la

carrure, l'éloquence fougueuse — et personne n'avait
plus froid. La grâce rieuse d'un concerto de Mozart
créait une illusion de printemps. Et alors Julien Vil-
lain, blond, tout jeune, si simple, mais en qui se
révèle l'autorité du maître qu'il sera, se pencha sur son
violon ; et la tendre, la chère, la divine phrase initiale
de la *Romance* en *fa* de Beethoven se mit à chanter
comme si la nuit de juin, bleue et tiède, allumait
autour d'elle toutes ses étoiles pour diamanter sa volup-
tueuse mélancolie. Attentif, le groupe des musiciens
accompagnait en sourdine : et la romance adorable
semblait passer au milieu d'eux et venir jusqu'à nous
comme une princesse traînant ses voiles et souriant à
l'amour.

Jamais, depuis bien longtemps, je n'avais senti à ce
point la puissance de la Musique, ce qu'elle peut faire
avec peu de moyens. Etait-ce la perfection passionnée
du jeu de ce jeune homme — j'allais dire de cet enfant
— dont l'âme tremblait de compréhension émue, infiniment respectueuse et sincère, et qui me donnait un
plaisir que les plus célèbres maîtres ne m'ont pas
mieux donné? Etait-ce l'œuvre elle-même, qui m'a
suivi depuis mon enfance, que j'ai entendue dans le
bonheur et le malheur, qui est pour moi une des
expressions suprêmes de la musique d'amour telle que
je la rêve. Etait-ce, en ces mortelles années où nos
cœurs sont si lourds, où nos âmes d'artistes sont meur-
tries sans pitié, le besoin irrésistible d'une détente con-
solante, d'un souvenir des temps de beauté, d'un repos
où l'on baisse la tête pour cacher quelques larmes
douces après trop de larmes amères ? Je ne sais. Mais
j'aurais voulu ne jamais partir, ne pas retrouver la vie.

Il me semblait que j'en aurais pour bien longtemps
à évoquer là ma jeunesse finie, mes amis disparus,
tout ce qui m'a poussé à écrire des livres, mes émotions
d'adolescent aux premiers concerts où l'infini mélodique me fut révélé, certains soirs où l'on n'est plus
qu'une épave, et où le flot musical vous reprend et
vous remporte au large de l'océan des songes, le bien
inouï que peut faire un petit lied, un temps de sonate,
à ces heures où l'on n'en peut plus.... Jamais je
n'aurai fini, musique, de pénétrer ton magique mystère d'ange gardien individuel. Comme je t'aurai du
moins aimée, toi qui auras été pour moi une religion
alors que les arts n'étaient que des arts, toi qui auras
enchanté et enrichi mes silences, et m'auras parfois
permis de croire qu'en un éclair je comprenais tout et
atteignais à la claire harmonie de toutes choses par le
prestige de tes rythmes et de tes nombres !

Il a fallu sortir pourtant. Je me suis retrouvé dans
l'obscurité glacée, où les fidèles dispersés sont vite
redevenus des fantômes ; parmi la blancheur horrible
que fait la neige dans les ténèbres je suis parti, morne,
à pas étouffés. Toute fin de concert est désolante par
le retour à la rue, comme, pour le fumeur d'opium, le
retour à la réalité : c'est la rançon ; la dure vie en exige
pour nos joies les plus innocentes. Mais j'emportais le
souvenir de ces êtres attentifs, de ces beaux jeunes
gens réunis dans le respect des génies consolateurs. Et
à mesure que je m'éloignais, le lieu modeste et méri-
toire où j'étais venu chercher un peu de courage et de
beauté demeurait dans ma mémoire comme ce dernier
foyer rougeoyant que quitte le voyageur avant de
s'enfoncer, grelottant, dans le froid, dans le silence.

dans l'isolement, dans la nuit. Et tandis que la neige me souffletait, mon âme, obstinément, ramenait à mes lèvres la phrase amoureuse et parfumée de la *Romance* en *fa*.

L'INCANTATION DU SOUVENIR[1]

C'était il y a quelques semaines. J'écoutais la seconde
Symphonie de Vincent d'Indy. Je crois que c'est un
chef-d'œuvre. Elle est de forme parfaite et splendide,
avec cette sorte d'expansion brûlante et tout intérieure,
exacerbée et contenue, qui est propre à d'Indy et qui
exprime à un degré si singulièrement beau la lutte de
l'inspiration contre la règle, puis leur entente et leur
intime union. Aucun musicien n'exige qu'on s'adapte
davantage à son impérieuse volonté de songe, aucun
ne fait moins d'invites au seuil de son art, mais quand
on est entré, quel trésor ! Quelle magnifique floraison
finale après d'ardents débats, et des grâces mélancoliques, une hautaine fantaisie ! Personne aujour-
d'hui n'a cela ; ceux qui sont venus après cela n'ont
point cette stature, la faculté de faire grand a été suspendue....

J'écoutais : et, perdu dans l'intérieur du chef-
d'œuvre, irrésolu sous l'amplitude des voûtes sonores,
je m'avouais trop las pour tendre jusqu'au bout mon
esprit dans l'étude. J'ai toujours ressenti — car je ne
sais que ressentir — qu'il y a deux façons de participer

1. Écrit en 1917.

spirituellement à cet office qu'est le concert. Il y a la façon des musiciens, qui viennent pour travailler et analysent l'œuvre. Ce sont des initiés au dogme, leur esprit reste maître lucide de leurs nerfs. Il y a la façon des profanes comme moi, que la prière berce, que l'encens enivre, qui cherchent accalmie et consolation. Je suis souvent allé au concert pour travailler et tâcher de comprendre, non certes en musicien, mais en poète curieux de saisir mille affinités entre le vers et la musique, mille réversibilités des arts. Mes vrais concerts ont été ceux où je ne suis allé que pour subir et aimer. La musique n'avait pas besoin de mes petites notations de carnet : mais moi j'avais immensément besoin de sa douceur et de sa puissance infinies.

J'étais, ce jour-là, « un homme, devant elle. » Et peu à peu j'insérais mes rêves dans ce que j'entendais, par cette sorte d'infidélité mentale qui est le privilège exquis du mélomane, aux heures où suivre la pensée de l'auteur en ses méandres orchestraux apparaît trop ardu, et où l'on fait son nid dans son œuvre. Je confondais toute cette beauté avec les beautés que j'ai goûtées au cours de ma vie, je généralisais, allant à la molle dérive de tout moi-même, et je songeais combien ma compréhension de la musique avait évolué depuis ma jeunesse jusqu'à cette époque où je vais à elle dans la douleur de chers amis perdus....

Car maintenant que mes tempes sont grises, je vois autrement toutes choses, et maintenant que des deuils se sont ajoutés, tombe par tombe, au petit cimetière secret qu'est l'âme de tout homme ayant mûri, je sais plus profondément que tout art me fut un plaisir mais que celui-là seul me fut une nécessité vitale, et je le remercie humblement de ne m'avoir jamais déçu dans sa bienfaisance, d'avoir été le consolateur et l'ami toujours prêts. Toujours je suis allé à lui dans la peine : mais maintenant qu'on a plus de peine que jamais, tout ce que je lui dois se mêle à tout ce que j'en espère encore, et je ne lui apporte plus mes curiosités, mes enthousiames, mes désirs de plaisir intellectuel de jeune artiste, mais seulement l'espérance confiante et reconnaissante qu'il me donnera, jusqu'au dernier jour, miséricordieusement, quelques-unes de ces fleurs d'oubli dont sont pleins les beaux plis de sa tunique immortelle.

La lumière était faible, et auprès de moi se tenaient assises deux femmes en grand deuil. Entre leurs voiles noirs, je distinguais, debout auprès d'un pilier, la silhouette discrète et grave de Vincent d'Indy écoutant son œuvre.

Je l'évoquais au temps jadis, quand nous l'appelions « le beau ténébreux », quand il apparaissait au promenoir du Cirque d'Eté ou à l'amphithéâtre du Châtelet, quand nous acclamions *Wallenstein* ou *Sauge fleurie.*

Il est droit, souple et de beau maintien encore, il a toujours ses admirables yeux de feu sombre, bons et intimidants, révélateurs de sa nature passionnée que dément son accueil un peu distant — et tout le contraste de son œuvre est signifié par là : mais à présent il est tout blanc sous son feutre aux larges ailes.... Je revoyais près de lui, un piano, sous un grand portrait familial de Carrière, notre pauvre Ernest Chausson qui n'était que douceur, foi et tendresse, qui dort depuis vingt ans, et dont j'entends encore la voix. Je revoyais Mallarmé mon maître, magicien inoubliable,

serein, mélancolique, dont l'âme était un jardin fermé
— et Carrière lui-même, avec sa face rude, sa voix
rauque, son regard ouvert sur toutes les souffrances,
et le dernier des grands amis que la mort m'a pris,
Pugno enfin, le bon géant aux doigts féeriques, disparu avant l'horreur de notre vie présente, Pugno
dont une lettre de d'Annunzio blessé, hier, me repar-
lait.... Oh ! qu'ils sont loin, les jours de Colonne et de
Lamoureux, tels que me rappelait cette fine silhouette
silencieuse de d'Indy aperçue contre ce pilier, entre les
voiles de crêpe de ces deux inconnues ! Qu'elle est loin,
la première audition de cette symphonie que je n'avais
jamais réentendue et à laquelle me transportait, par
synchronie, mon souvenir ? Il me semblait que l'éclatant finale, avec ses gradations acharnées et ses puissants redoublement de volonté, multipliait les appels
évocateurs de ceux que nous avons laissés sur notre
route, parsemée d'enthousiasmes, de doutes, d'erreurs,
de désenchantements, de scrupules, de regrets, de tout
ce que l'armée des rêveurs abandonne à mesure
qu'elle avance vers ce que les Anglais du front appellent d'un mot terrible « le pays de personne ». Ceux
qui viennent après nous ne me peuvent pas comprendre, ceux qui viendront après eux ne les pourront
pas comprendre....

Ce que je sentais alors le plus vivement, dans le
défilé désordonné de mes fantômes, c'était le caractère
de pérennité de la musique. Nous passons à travers
elle, lui demandant la charité qu'elle nous fait : elle
est toujours là, avec la sereine éternité d'une loi naturelle. Je crois qu'il faut être parvenu à la quarantaine,
au moins, pour concevoir vraiment cela, non parce

qu'on est devenu meilleur connaisseur, mais parce qu'on a plus souffert de l'instabilité de tout, et qu'il n'y a point de parfaite compréhension de la musique sans l'apport des chagrins personnels. On constate seulement alors ce qu'on doit, non aux compositeurs et aux virtuoses, mais à la musique en soi, qu'ils servent mais ne créent pas, car elle leur préexistait, comme l'amour aux amants et comme la terre aux hommes. Dans la Symphonie elle-même de d'Indy, je trouvais de plus en plus naturel d'insérer comme des thèmes les figures de quelques êtres que nous avions connus et aimés ensemble, brodées et déteintes sur la tapisserie sonore : et quand, à l'issue, parmi le crépitement discord des bravos qui brisent l'émotion finale, on l'alla chercher de force, quand il esquissa, en homme qui n'aime pas ces simulacres, du fond de la scène où il n'apparut qu'un instant un salut courtois mais rapide, il me sembla qu'il l'adressait, comme moi, non au public toujours renouvelé, mais aux vieux artisans de sa jeune gloire de jadis, présents à son âme comme à la mienne, invisibles pour tous ; sauf pour lui et pour moi, unis à son œuvre qu'ils entendirent jadis dans la révélation de sa vierge beauté, en d'autres salles, avant les temps de la grande horreur....

J'emportai, comme une lampe de funérailles, leur souvenir mêlé à la merveille. Je vis d'Indy marchant devant moi. Je ne le rejoignis pas, malgré la tentation d'une main amie à serrer. Je n'eusse pu lui parler : j'ai préféré lui écrire — car ceci n'est pas un article, mais une lettre, si l'on veut. Je l'ai regardé disparaître, fort, calme, avec respect pour cet homme, créateur au-dessus des autres.

Je suis de ceux qui, au sortir du concert, souffrent
de toute présence, de toute parole, et ont hâte d'être
tout seuls avec les visions qu'ils ont dérobées. Les rues
du Paris de guerre étaient glaciales et obscures. Une
avare lueur languissait au pied des candélabres voilés,
sous la lividité d'un ciel spectral, et les passants
n'étaient que des ombres, guère plus consistantes que
celles qui me hantaient. Jamais je n'ai su plus de gré
à une cité d'être triste qu'en cet arrière-crépuscule où
peu à peu, au rythme de ma marche, le souvenir
affaibli de la Symphonie se mêlait à mon incantation.
Elle se continua dans le murmure banal d'un train
morne. Elle dura jusqu'à cette lisière de forêt où
j'habite, et où, avant de rejoindre le feu, la lampe et
les livres, je m'arrêtai comme chaque soir depuis
trente-deux mois, pour écouter, parmi les arbres dé-
pouillés, la rumeur lointaine et puissante de la symphonie de mort, du canon qui change les vivants en
fantômes, tandis que je m'obstinais à changer mes
fantômes en vivants....

DE WERTHER A TRISTAN

On a souvent reproché à Wagner la très arbitraire
façon dont il a taillé le poème de son *Tristan et
Isolde* dans la vieille légende de notre Tristan de
Léonois. Cette légende est un grave, mélancolique,
suave et fier roman d'amour et de chevalerie, avec ses
épisodes admirables : et le livret wagnérien en a écar-
té les scènes les plus nobles et les plus délicatement
naïves pour n'en tirer que les éléments d'une sorte de
théorème schopenhauerien, sans souci et même sans
scrupule de déformer, par un « non-vouloir-vivre »
d'un pessimisme néo-romantique, le caractère médiéval du poème celtique. Cette sorte de sans-gêne de
Wagner a inspiré à certains une rancune tenace,
comme à mon ami Pierre Mille qui y revient sans
cesse, et c'était une des raisons de wagnérophobie du
pauvre Debussy, qui méditait même avec hardiesse
de reprendre le sujet et de nous donner un nouveau
Pelléas selon les nombreux et courts tableaux-tapisse-
ries du texte restitué à notre joie par Joseph Bédier.
Moi-même j'ai toujours été étonné et mécontent, tout
en adorant tel qu'il est le *Tristan* de Wagner : puis,
tout en boudant, j'ai réfléchi. Et ma pensée s'est attachée obstinément à cette période de la vie de Wagner

qui s'étend de 1854 à 1859 et qui comporte trois faits
des plus importants : son initiation aux théories de
Schopenhauer, son séjour à Zurich auprès d'Otto et
Mathilde Wesendonk, et la révélation de *Tristan* en
1859.

A mesure que j'examinais cette sorte de trilogie,
mon esprit était hanté par la prescience d'un parallélisme que je ne parvenais point à préciser, par la sensation de quelque chose de « déjà vu » intellectuellement. Je me trouvais en présence d'un cas de genèse
d'œuvre très net : un afflux d'idées enfiévrant une
conscience créatrice qui cherche aussitôt à leur donner une forme dramatique : une aventure d'amour
« cristallisant » le sujet dans l'auteur lui-même, condition rare et parfaitement adéquate aux idées et à
l'argument qui les présentera : un thème de légende
connue et séductrice, enfin, s'adaptant à souhait à
l'aventure individuelle du poète pour y adjoindre le
prestige de l'allégorie. En un mot, le processus classique d'une création homogène, tel qu'on n'a pas souvent la chance de le réaliser.

Le hasard d'une représentation de *Werther*, dis-
traitement, mais agréablement revu (je ne rougis pas
du tout d'entendre *Werther* avec plaisir) me donna
subitement l'impression que mon parallélisme vague,
que mon « déjà vu » confus, se précisaient. A travers
Massenet et sa joliesse câline, je remontai à Gœthe —
et je me rappelai le processus de la création de son
petit livre. Afflux d'idées romantiques et pessimistes
enfiévrant une conscience créatrice qui cherche aussitôt à leur donner une forme imaginative et tragique :
une aventure d'amour (très déformée et « corsée » à

vrai dire), cristallisant le sujet dans l'auteur lui-même : la symétrie apparaissait ; seul manquait le dernier terme, l'adaptation d'un thème allégorique connu à l'aventure individuelle. Mais ceci tenait aux différences techniques du drame lyrique et du roman psychologique, auto-analytique et confessionnel. Cependant, je n'avais point affaire au vrai *Werther*, mais à son arrangement plus ou moins heureux (plutôt moins) en drame musical : et tout à coup, la musique aidant je me dis, à la scène des « Larmes », que je voyais quelque chose comme *Tristan et Isolde* joué en habits bourgeois. Oui, avec bien entendu des disproportions de tous ordres, je tenais mon « déjà vu » et j'assistais sous deux espèces au même spectacle, à la même pièce, et à la même pièce vécue par deux génies allemands : mais l'un, froid et égoïste littérateur, ne l'ayant vécue que très superficiellement avec le souci d'arranger romantiquement un souvenir de jeunesse, tandis que le musicien de quarante-cinq ans, fébrile, passionné, âpre, avait vécu la sienne à fond.

L'argument de *Werther* est exactement celui du *Tristan* de Wagner. Il s'agit du drame intime d'une femme qui respecte son mari, mais est éperdument attirée vers un amant : d'un amant qui lutte contre le respect qu'il a pour la femme et le mari : d'un mari qui a pitié de l'un et de l'autre, mais aussi de lui-même : en sorte que la mort apparaît à la femme et à l'amant comme la seule solution possible, l'entrée dans le seul monde où, comme dit Flaubert, « les âmes, mieux que les corps, peuvent s'étreindre avec délire » sans déshonneur pour personne et sans mal ni injustice, dans une douloureuse purification. Telle est l'aventure commune aux deux œuvres de Gœthe et de Wagner. Le roi Marke et Albert, Werther et Tristan, Charlotte et Isolde, forment une parfaite symétrie psychique, semblablement exposée. Il importe peu que les détails de mise en scène de l'anecdote romanesque ou dramatique diffèrent. Werther se tue, Tristan et Isolde, meurent ensemble, l'un d'une blessure, l'autre de douleur. On peut prévoir que Charlotte restera une morte-vive, une désespérée au cœur éteint, et qu'Albert, comme Marke, demeurera inconsolable et frappé par la fatalité de sa vie innocente. Ce qui est essentiel, c'est le fond psychologique, la relation des deux anecdotes à l'idée générale : doctrine de l'antinomie de l'amour et du devoir, appel éperdu à la libération de l'âme par l'évasion du non-vouloir-vivre. Cette dernière formule est schopenhauerienne. Gœthe ne la prononce pas. Elle marque l'évolution du premier romantisme au second : et il y a dans Schopenhauer une codification métaphysique du romantisme. Et enfin Schopenhauer est un des génies modernes qui ont le plus magnifiquement ressenti la musique, connu ses pouvoirs symphoniques et magnétiques, et repris avec splendeur la proposition de Fichte quant à la musique « considérée comme langage philosophique de l'avenir ».

Ces diverses observations faites, il convient de se reporter à la vie de Wagner. En 1849, proscrit d'Allemagne à trente-six ans, il vit en exil, pauvre et replié sur soi : il écrit ses principes d'art dramatique, élabore le *Ring*, dont il modifiera plus tard la signification d'ensemble, crée le *Rheingold*, la *Walküre* et *Siegfried*, ce qui le mène jusqu'en 1857. Les soucis, le travail intensif, exacerbent sa sensibilité, dépriment ses nerfs, aigrissent son caractère fier et violent. Le monde lui semble radicalement mauvais, et la révélation de Schopenhauer transforme cette conscience qui inclinait jusqu'alors aux idées de Feuerbach (l'esquisse de Nietzsche) sur la volonté de puissance ; elle accueille avec une passion égale l'idée mystique du renoncement absolu. Dès 1854, Wagner médite fervemment ces nouvelles pensées. C'est avec elles qu'il est introduit dans l'intimité des Wesendonk qui, riches, libéraux, admirant son génie, lui ont offert « l'*Asile* » auprès de leur villa de Zurich. Wagner et Mathilde Wesendonk s'éprennent intellectuellement l'un de l'autre, glissent de l'amitié à l'amour, le comprennent, et s'en épouvantent. On sait comment l'aventure s'est terminée, platement, par une scène de Minna Wagner vieillie, jalouse, furieuse, scène qui força Wagner à fuir « l'*Asile* » et à recommencer sa vie errante.

Ce que je veux retenir, c'est une nouvelle constatation de symétrie entre Otto Wesendonk et Albert, Wagner et Werther, Mathilde Wesendonk et Charlotte : identité étroite avec l'aventure goethienne, et avec tous détails à l'allemande. L'intervention de Minna représenterait assez les sentiments injurieux et les gestes triviaux qu'Albert ou Otto Wesendonk ont pu éprouver et vouloir dans certaines parties de leur mentalité, mais dont ils se sont noblement abstenus. Albert a une façon muette de tendre à Werther les pistolets qu'il demande, qui enclôt un monde de lassitude, de révolte et de jalousie mâle abandonnant le rival à son destin avec un pressentiment qui s'absout, mais équivaut à un acquiescement : ce silence d'Albert est un des plus éloquents effets de complexité qui aient jamais été trouvés.

Quant à l'Albert réel, à Otto Wesendonk, nous ne savons rien de ce qu'il a dit, fait et pensé. On est toujours muet sur les maris en pareil cas, lorsqu'il n'y a pas de pistolets dans l'aventure. Nous avons seulement les lettres de Mathilde Wesendonk. Elles sont simples, sincères et belles. Elles restituent exactement la psychologie de Charlotte, elles en ont les cris et les pleurs et les scrupules d'épouse loyale. Mais Charlotte n'a jamais songé ni à fuir ni à se tuer avec Werther. Dans l'état d'âme de Wagner-Werther et de Mathilde-Charlotte, nous trouvons un stade nouveau : l'idée de « se » fuir et non de fuir ensemble, l'idée de renoncement mystique, de séparation au bord du gouffre, où ni l'un ni l'autre ne voudraient tomber. Et ici la vie, avec une ironie amère, a confirmé les adhésions de Wagner à ces pensées schopenhaueriennes que Mathilde, son admiratrice et sa confidente, devait connaître et partager avec lui depuis deux ans d'intimité jusqu'à ce qu'elles prissent un sens de démonstration tragique et urgente dans leur drame à trois personnages : on peut dire à trois, Minna Wagner n'intervenant vraiment qu'à titre épisodique pour dénouer la tragédie en accident banal de scène conjugale.

Or, Wagner s'enfuit à Venise, éperdu. Plus tard il se refera un bonheur domestique et aura une rencontre avec Mathilde vieillie, dont le vague et triste récit nous a été fait : rencontre que nous pourrions prêter à Charlotte et Werther si celui-ci s'était raté — mais c'est une autre histoire. En moins de deux ans, Wagner conçoit et termine *Tristan et Isolde*. La « cristallisation » s'est faite, les théories et la douleur individuelle sont devenues une œuvre, incorporées à une légende médiévale. Ce qui est tout à fait intéressant, c'est de constater l'achèvement de la symétrie. Les termes de l'équation sont enfin complets, il n'y a plus d'inconnue. Werther-Wagner-Tristan : Charlotte-Mathilde-Isolde : Albert-Otto-Marke — et nous sommes en présence d'un fait des plus curieux. Deux chefs-d'œuvre d'un caractère lyrique et romanesque, pensés par deux Allemands à plus d'un demi-siècle de distance, ont pour moyen terme, pour pierre de touche, une aventure vécue par eux — à peine par le premier, absolument par le second. L'aventure Wagner-Wesendonk est, si je puis dire, le corps simple d'où sont nées ces deux compositions, ou le polyèdre sur les faces duquel elles se sont construites. Elle vérifie *Werther* et le fait passer à l'état définitif de *Tristan*, avec l'adjonction de la magie musicale et de la morale schopenhauerienne. Le cycle se ferme. Malgré les différences d'époque et de détails épisodiques (scène de Minna, intervention du traître Melot), le créateur de valeurs romantiques et le commentateur symphonique des valeurs schopenhaueriennes se réunissent dans une étude commune des rapports de la passion et de la mort, d'un cas de victoire de l'amour par l'évasion au-delà de la vie. Du moins l'état des circonstances permet-il d'en rester là : car enfin, si Minna Wagner n'avait pas existé, ou n'eût pas été jalouse, que serait-il arrivé ? On peut supposer que Wagner, qui n'avait ni la jeunesse ni l'idéalisme platonique d'un Werther, mais était un violent à l'âge de la force passionnelle, eût voulu posséder son amie malgré son adhésion au non-vouloir-vivre et ses scrupules envers Wesendonk : mais on peut supposer aussi que Mathilde, prenant le rôle de Werther, se fût tuée plutôt que de céder, ou peut-être après avoir cédé — ce qui est bien près d'arriver à Charlotte à la minute où Werther la ploie sous ses baisers à la fois furieux et hésitants....

Où je voulais en venir? C'est à ceci. Je ne sais pas quand et comment Wagner a lu le *Tristan de Léonois* et l'a adapté à son aventure. Je ne sais pas ce qu'il pensait de *Werther* et s'il y reconnaissait son aventure. Mais il me semble assez naturel, dans ces conditions spéciales, qu'il n'ait pris que fort peu de souci de la légende tristanesque elle-même et de la traduire fidèlement. Il n'y a vu — et psychologiquement il ne pouvait y voir — que ce qui s'identifiait à son cas, le reste ne l'intéressant point du tout et le gênant même. Il ne tenait qu'à l'allégorie de son drame chez les Wesendonk : et qu'il le sût ou non, je dirais volontiers que durant qu'il travaillait à *Tristan*, c'était l'âme inquiète de Werther qui travaillait avec lui et voulait se réincarner en lui : âme infiniment allemande, âme de vieille Allemagne exigeant — et je ne fais pas un paradoxe, je crois effleurer une vérité mystérieuse, une mystérieuse synchronie — exigeant qu'un second *Werther* naquît au monde, auréolé cette fois des magies d'une inoubliable musique !

C'est pourquoi, si le *Werther* de Massenet, comme le *Faust* de Gounod, est « à la française », la *vraie* partition du *Werther* de Gœthe c'est pour moi celle de *Tristan et Isolde*. Il reste à écrire celle de *Tristan de Léonois* — le nôtre, Debussy la projetait. Qui la réalisera ?

WAGNER APRÈS LA GUERRE

C'est une ruine, lui aussi, une grande ruine. Par un juste choc en retour, les canons allemands l'ont aussi frappé, comme ils firent de la Cathédrale de Reims. Le sanctuaire de Bayreuth, dernière cathédrale osée par la modernité, est bombardé par le mépris et la colère vengeresse. Ayant été la cime de la kultur, il croule avec elle. Ce sera bientôt — c'est déjà — un vaste décombre, un Walhall effondré après la mort ignominieuse de Hagen et d'Alberich, après la chute de Wotan, le parjure, parmi les fumées du bûcher de Brunnhilde et de Siegfried qui s'épandent, lourdes et brûlantes, sur l'univers.

L'homme mort à Venise et inhumé à Wahnfried, non loin de la sépulture de son féal chevalier Liszt, avait bâti ce temple d'où il avait rêvé de promulguer une loi esthétique, dramaturgique et philosophique au monde. Rien bientôt n'en restera plus. Les pèlerins déserteront, tout deviendra lentement et tristement inactuel : où fut la vibration se dessine la lézarde : une malédiction s'élève contre ce qui fut un lieu saint. La création d'Empire, avec l'Empire sera morte. Un grand destin se dissout. J'y songe avec mélancolie. Bach et Beethoven ont construit deux édifices immatériels que rien ne saurait atteindre. Tu es frappée, toi, Bayreuth, comme une Tyr, une Babylone, une Ninive, parce que tu t'es matérialisée en pierres, parce que tu as voulu que sur ces pierres ton Eglise fût bâtie. A présent que va-t-il rester de toi et de ton architecte ?

Il paraît que, dans la pire déroute que l'histoire ait jamais vue, les Allemands eux-mêmes accusent Wagner d'avoir été un des plus grands excitateurs de la crise de mégalomanie criminelle et folle qui a révolté contre eux tous les peuples, et qu'ils le rangent, auprès de Fichte, de Treitschke, de Nietzsche, parmi les mattoïdes qui les ont hypnotisés, dévoyés et perdus. Certains d'entre eux maintenant, feignant le dégrisement du repentir, disent que la postérité de l'Empire ploutocrate et brutal depuis quarante-huit années ne fut qu'un effet de théâtre, une série de coups de théâtre, et que l'exemple, la suggestion, le magnétisme de Wagner en furent une des causes. Le wagnérisme serait monté à la tête des Allemands et leur aurait fait confondre les droits vitaux d'un peuple avec une succession de symboles et d'apothéoses. Ils auraient voulu vivre effectivement la Tétralogie en un long délire romantique, en une course à l'abîme. Ils invoquent pour leur excuse le poison du philtre wagnérien, qui nous a troublés nous-mêmes.

Il n'est pas étonnant qu'une race servile qui, en un sursaut de peur, a jeté les armes, renié avec une basse ingratitude des tyrans auxquels elle devait un demi-siècle de puissance prospère, repeint sa façade et réclamé pour son ventre, il n'est pas étonnant que cette race se cherche partout des excuses et dénonce à

l'envi des complicités. « C'est la faute à Voltaire ».
Cependant, il est avéré que Guillaume II, l'acteur
sinistre aujourd'hui sifflé, enfui tout maquillé dans la
coulisse de l'histoire et destiné sans doute à la sentine
finale des Vitellius et des Augustules, affichait sa mésestime pour Wagner. Non seulement il n'en appré-
ciait pas la musique, mais encore avait-il contre lui
d'autres griefs que ceux du compositeur de *Roland de
Berlin* qu'était ce célèbre touche-à-tout. Il lui gardait
rancune de faire figure de souverain intellectuel de
l'Allemagne moderne, tout en jugeant son prestige
profitable à la réclame de l'Empire. Il trouvait aussi,
comme nous le trouvions, que ce Saxon, républicain
banni, rallié très tard au règne, avait fait de son œuvre
maîtresse une « jettatura » pour l'Empire. Ce Walhall,
cette histoire d'or volé, ce parjure envers les géants
d'un Wotan se punissant lui-même, cette fatalité du
Rhin engloutissant les mauvais dieux, cette invincible
puissance de la rédemption par l'amour — unique
thème d'ailleurs de toutes les créations wagnériennes
— ce titre terriblement obsédant du *Crépuscule des
Dieux* enfin, tout cela troublait le prince superstitieux,
simulateur et perfide, par de sombres présages ; et
celui qui ne cacha jamais son rêve de détruire l'Eglise
romaine, celui dont l'âme héritière des vieilles
fureurs barbares connut des joies indicibles en
donnant l'ordre de foudroyer Reims, ne pouvait que
détester l'homme qui acheva sa vie de poète-musicien
en dressant le saint calice au-dessus des chevaliers
prosternés devant Parsifal.

Guillaume II, cabotin, pouvait exécrer Wagner
parce qu'il lui avait volé ses effets : empereur, il pou-

vait le détester parce que l'artiste semblait prophétiser la chute du grossier Olympe de la Force. Enfin, si certains Allemands récents, que « le poing cuirassé » ne contentait pas, ont pu dire que Bach et Beethoven représentaient plus hautement le meilleur et le plus pur de l'âme germanique que le magicien névrosé et décadent qu'était pour eux Wagner, énorme et inquiétant déviateur de toutes les valeurs d'art, il reste que l'immense majorité de l'Allemagne s'en glorifiait. Elle ne voulait pas voir la raillerie acerbe prodiguée par le poète aux Beckmesser, aux Fafner, aux Alberich, aux Hagen, aux Mime, aux Melot, aux Telramund, aux Ortrude, à toutes ces figures qui incarnent satiriquement le vice, la cruauté, l'hypocrisie, la pédanterie, la laideur physique et morale tels que Wagner les voyait en Allemagne. Elle ne voulait pas voir que, comme Schopenhauer ou Gœthe, Heine ou Nietszche, comme tous les grands Allemands, l'homme génial était dur à sa race féroce et vile. Elle ne voulait pas voir que toute son œuvre était un plaidoyer pour la liberté, la fraternité, l'amour, la foi aux beautés rédemptrices auxquelles il conviait sa patrie, la châtiant, comme Heine, parce qu'il l'aimait. Elle ne voulait voir que le prestige imposé à l'univers, le profit matériel et moral tiré de Bayreuth, l'illumination de gloire assurée à un Empire qui fut artistiquement au-dessous du médiocre, l'encaisse fructueuse d'un génie.

Entre Wagner et nous, il y a cette guerre inoubliable. Entre Wagner et nous, il y avait déjà eu l'autre guerre, celle de « l'année terrible » qui paraît maintenant toute petite. Et nous avions absous le génie des sottes insultes de l'homme, auxquelles nous avions trouvé certaines excuses topiques. Nous avons subi vingt ans, avec ivresse, puis avec inquiétude et malaise, son ensorcellement. Nous avions échappé à l'emprise depuis presque quinze années. Le philtre n'agissait plus ; l'admiration survivait à l'hypnose. Nous faisions des réserves sur la fusion des arts, sur l'intégration de toute la symphonie dans le drame, sur le symbolisme dramatique, sur l'orchestre-messe et le théâtre-temple, sur le vasselage de la musique-lige du poème philosophique, sur toute les grandes données de l'homme de Bayreuth. Nous refusions au wagnérisme l'hommage sans réticence que nous apportions à Wagner considéré dans le calme recul de l'hisioire comme un des héros de la musique. Toutes les routes ne convergeaient plus vers Bayreuth. L'œuvre entière nous semblait ébranlée dans sa synthèse ; mais, comme d'un sanctuaire antique, nous en tirions avec amour de splendides fragments dont chacun, beau et complet en soi, ornait en place d'honneur le musée sonore de nos concerts. Et voici que, pour la seconde fois, l'Allemagne nous a isolés de cet homme.

L'instinct public a promptement choisi. Il a permis Beethoven, Bach ou Schumann sans les exposer à l'injure du sifflet et de la huée. Il a interdit Wagner. Non à cause de la vieille querelle du sot et grossier écrit de circonstance composé pour railler notre ancienne défaite par le musicien qu'avait aigri la laide cabale contre *Tannhäuser* : ceci avait été pardonné, oublié. Mais l'instinct public a décrété que Siegfried, Brunnhilde, les Walkyries, Wotan, le Walhall, le Rhin, c'étaient les emblèmes de la gloire et de la provocation allemandes, blessants, odieux, à l'heure où nous luttions pour le sol et la vie. Et ces larges identifications, ces poussées de l'instinct public ne se discutent pas. Elles contiennent une part de raison et de droit. Nous les avons acceptées telles quelles, réprimant certains arguments de détail et l'irritation que ,pouvaient nous causer les assertions fausses et mesquines de quelques niais, renchérissant pour avilir le débat, et exhumant des chicanes surannées sur la valeur de l'œuvre dont la foule, plus simple, ne désavouait que le sens. Le verdict sera-t-il sans appel ? Devrons-nous attendre, pour réentendre Wagner, l'heure où la transaction diplomatique et économique exigera que nous revoyions parmi nous, avec mépris mais sans actes de colère, l'Allemand et sa camelote? Wagner sera-t-il alors absous de nouveau du stigmate spécial d'impérialisme pangermanique, pourrons-nous l'applaudir sans hourvari, et comment nous réapparaîtra-t-il ?

Tout aura changé, de lui à nous. Le temps, plus que la guerre, aura œuvré. L'ancienne magie, épuisée, ne vaudra plus. Nous serons libres de distinguer de nouveau entre la *Tétralogie* et le reste du cycle. Que nous interprétions la *Tétralogie* et surtout le *Crépuscule des Dieux*, soit comme une glorification de notre ennemie militante et triomphante, soit comme le symbole de notre ennemie terrassée, je crois que nous ne l'entendrons plus, longtemps encore, et en admettant qu'on nous la redonne, sans une singulière aversion frémissante née dans certaines parties de notre être pensant. Mais à travers ces nobles drames humains et divins qui s'appellent *Tannhäuser*,

Lohengrin, Tristan et Isolde, Parsifal, circule et brille un rayon de soleil pur qui ne saurait offenser aucune âme. Ce n'est pas parce qu'un misérable prince a osé singer le chevalier au cygne et égorger Elsa sur sa terre de Brabant, que le souvenir de ses oripeaux et de ses poses ternira dans nos consciences l'harmonieuse beauté du poème de la protection des faibles et de la divinité de l'amour. Le spectre exécré de l'empereur déchu ne rôde ni dans la pieuse et haute légende de *Tannhâuser*, ni dans le poignant poème de la passion absolue qu'est *Tristan*; et nous ne pouvons pas plus rejeter la gaîté saine et largement riante et lyrique des *Maîtres-Chanteurs* que comparer à l'Essen de Krupp la Nuremberg de Dürer, nous ne pouvons trouver en nos âmes aucune protestation valable contre le messianisme splendide du mystère sacré de *Parsifal*. Ce sont là des honneurs éternels pour l'esprit humain, internationalement.

Certes, l'envoûtement que subit notre jeunesse aura disparu. Le temps aura éliminé pour jamais la morbidité qui nous captiva. La conception synthétique du poète-musicien-métaphysicien est périmée, nous ayant fait beaucoup de bien et beaucoup de mal. L'influence du symphoniste s'est figée dans l'histoire, et d'autres, qu'elle éclipsa, connaîtront peut-être un regain de puissance active qui ne lui sera pas donné. Mais le musicien reste pour moi ce que j'en écrivais avant la guerre, « l'évocation incomparable des mutualités de la passion et de la mort ». Son génie épique, lyrique, brûlant et sombre, intensément crépusculaire, est épars dans un univers qui ne l'oubliera jamais; et c'est là, et non plus à Bayreuth, qu'il faut le chercher.

Bayreuth n'est et ne sera plus que le cénotaphe du wagnérisme, un autel effrité, désaffecté, d'où l'Allemagne elle-même a détourné les derniers pèlerins. La part la moins noble de Wagner est enterrée là, son orgueil de théoricien, d'impérialiste des arts ; sa musique s'est évadée de la geôle de son système, qui croule avec Bayreuth et l'empire, nés tous les deux de Sedan et du désir de magnifier l'ère allemande. Ce n'est même plus la peine d'aller chercher là les vestiges d'une grandeur, on n'y trouvera qu'une curiosité, de quoi offrir le thème facile de la vanité de toutes choses à la mélancolie d'une visite fortuite. Mais cette mélancolie, je l'accueille bien plus sincèrement en moi, seul avec moi-même. Je refuse d'être ingrat pour tant de joies exaltatrices que cet enchanteur a données à mon adolescence, à celle de mes amis, pour tout ce qu'il a fait bruire en nous d'idées, de sensations, d'émotions, pour la place splendide qu'il a tenue en nos âmes.

J'ai vécu dans le temps où Wagner était révélé. Cela représente quelque chose de prodigieux, que je n'oublie pas et que je rougirais d'oublier, maintenant que c'en est fini des chocs de théories et de races, et que dans le soir lugubre de l'Allemagne vaincue se dessine la ruine de Bayreuth, déjà pareille aux vieux burgs démantelés, hantés par les effraies.

Au lendemain de la Honte Allemande,
12 novembre 1918.

LA MUSIQUE ET NOTRE VIE[1]

Je ne suis pas de ceux dont le scrupule excessif s'impute presque à crime de se réfugier de temps à autre dans l'art, pour fuir l'idée fixe qui hante nos existences quotidiennes depuis plus de quatre ans. Les livres interrompus, toute ma tâche d'écrivain consacrée aux soucis du civisme, m'ôtent le remords de demander parfois un beau site, une belle page, à un concert, à un tableau, le répit qui redonne le courage et rend « l'univers moins hideux et les instants moins lourds ». C'est ainsi que j'aime toujours la musique. Mais il me semble que je ne l'entends plus de la même façon qu'autrefois. Il me semble que, d'elle à moi, il y a quelque chose de changé. J'écoute, pour la centième fois, des œuvres que j'ai adorées : j'en suis le dessin, j'en scrute l'âme, j'en éprouve le charme magique avec le même amour, et cependant je ne sais si je ne les reconnais plus ou si je ne me reconnais plus. Qu'y a-t-il donc entre nous?

Il y a le mûrissement de la douleur. Il y a les deuils dont je ne me console point, cinquante mois qui pèsent comme autant d'années, la jeunesse finie,

1. Ecrit en 1918.

les idéaux déchus, le présage d'un monde renouvelé dont je vois bien la gestation affreuse, mais dont le visage futur m'est inconnu. Je n'avais jamais demandé à la musique des joies, ou la consolation de peines personnelles : et toujours elle m'avait donné ce que j'espérais, elle avait été ma fée. Mais maintenant je lui demande de répondre à toute la désespérance humaine qui me fait oublier mes petits chagrins — et je ne sais pas si elle répondra.

J'avais toujours trouvé la musique plus grande que la vie. J'ai peur de trouver à présent que la vie intense et étouffante où je suis plongé est plus grande que toute musique présente. On nous vante tellement les qualités françaises auxquelles nous devons revenir ! Je ne les mésestime pas, mais je suis effrayé de voir qu'elles semblent exclure les vastes sujets et la recherche du profond et du sublime.

Je songe avec reconnaissance à tous ces musiciens d'orchestre qui ont travaillé de longues années pour me donner quelques minutes de bonheur, et dont je ne connaîtrai jamais les noms, dont je ne serrerai jamais les mains, qui ne sauront jamais que je les écoutais en ami dans l'ombre des salles. Qu'ils soient remerciés de tout ce qu'ils ont fait pour mon âme !

Je pense à eux comme aux innombrables ouvriers d'une cathédrale sonore que j'ai vu édifier au cours de ma vie déjà longue, et à laquelle des générations ajouteront encore bien des arceaux et des rosaces quand je ne serai même plus un souvenir.

Je revois tout ce cher passé durant lequel la symphonie exalta mon adolescence, rythma mes premiers vers, idéalisa mes premières passions, enchanta l'in-

timité de mon foyer, fut une région bénie entre
toutes dans mes promenades spirituelles. Je mesure
tout ce que j'ai dû à la musique, et dont ma ferveur
ne s'acquittera jamais.

Elle fut pour moi autre chose qu'un art, un motif
de rêve, une source de plaisir cérébral et sensuel;
elle fut une clef d'or m'ouvrant toutes les compréhen-
sions et, si je puis dire, une référence morale constante, l'image de ce que peut et doit être l'aspiration
de l'âme humaine en ces heures où l'on doute de
tout, l'ange lui-même de la métaphysique gardant
ceux qui l'aiment de la bassesse et du mal.

A la musique, j'ai donné ma foi infuse; l'innéité
de tendresse que la cruauté des circonstances de la
vie réelle risquait d'arracher de moi, je la lui ai
confiée comme à une meilleure amie, et elle l'a
toujours rendue lorsque, tremblant d'être devenu
insensible, las d'autrui comme de moi, je suis allé la
lui redemander.

Par elle, j'ai cru saisir ce que nul ne saisit, les
rapports des choses contraires, le mouvement de ce
qui semble inerte, les confins des arts et de l'âme.
d'étranges vérités tangentielles, ce qu'il est entendu
depuis des siècles qu'on n'exprime pas, quoique le
ressentant. J'ai compris, par elle, le vrai sens et
la valeur du silence, elle est apparue dans tous mes
chemins, elle a été la partition du conte tissé d'espérances et de larmes que fut, pour moi comme pour
chacun, l'existence. Je la retrouve dans tous mes souvenirs, je suis redevable à tous ses élégiaques comme
à tous ses héros....

Mais à présent, que pourra-t-elle encore pour moi?

Il me semble que le fracas horrible du canon l'a détruite dans l'univers. Je veux bien, j'admets bien que ce fracas soit celui des marteaux de gigantesques Cabires reforgeant un monde, et qu'il ait aussi son rythme de vie au milieu même de la mort. Mais j'ai peur que la fée ne soit retournée pour longtemps au ciel du rêve : et entre les délices de ma jeunesse et l'heure présente, de l'irréparable est survenu. Beethoven, en composant la *Neuvième*, et en la couronnant par *l'Ode à la Joie libre*, a prévu le chant de délivrance triomphante que nos cœurs vont bientôt désirer. C'est peut-être encore cette musique d'un Allemand qui rachète toute l'Allemagne, qui répondra le mieux à nos souhaits, au jour où nous pourrons exhaler le grand cri universel après la tâche faite. Je me figure même que l'ère de Beethoven, ne sera close vraiment que ce jour-là, qu'il prendra seulement alors tout son sens, cet homme inouï qu'on a cru avoir mesuré, que certains ont même osé tenir pour périmé, et qui n'a pas encore fini d'être expliqué dans l'étendue de son miracle musical.

Mais plus tard, quand tout sera nouveau, comment verrons-nous la musique qui fut, et surtout quelle musique nous fera-t-on ?

De longues années de minutie impressionniste, de scepticisme élégant, de délicate aversion pour la vastitude, ont amenuisé la symphonie, et on n'a plus confié aux navettes des tisserands de l'orchestre que des trames arachnéennes; tout fut soupir et poussière que le vent dissipe, dans l'œuvre de nos tout récents. Et ce Wagner, qu'on me demanda d'oublier, comme si c'était possible ! les dégoûta, par son Walhall, des grandes constructions cyclopéennes. Cependant où êtes-vous, matériaux du temple nouveau à rebâtir pour y prier la fée ?

Une tragédie immense apprête dans le monde, après le sang et les flammes, son dernier acte de triomphes et de célébrations. Voici venir les armées victorieuses, les peuples délivrés, les idéaux étendant l'ombre de leurs ailes toutes grandes sur des ruines d'empires ; voici les actions de grâces et les chaînes brisées, et les promesses de bonheur après tant de sanglots, et les nations martyres qui s'avancent en chancelant au bras de leurs aînées, et les rois et les chefs sur le fond d'incendies, et la Justice et la Vengeance poursuivant le Crime, et l'Idée du Droit sur son char que traînent des lions. Cortège prodigieux, où est ta symphonie, et qui donc avec toi, par toi, pour toi, fera la musique qu'il te faut ?

Quel livret d'opéra, quel poème lyrique assemblant toutes les puissances de l'orchestre égala ce tableau pathétique du vieux roi Pierre appuyant sa marche tremblante sur le bâton du roi Lear et quittant, dans la neige, parmi les morts et dans le grondement du canon, les montagnes natales avec l'escorte de ses héros en haillons ? Quel chœur de tragédie a dû exprimer quelque chose d'aussi beau que le retour de cet aïeul, trois ans après, au milieu d'une armée ressuscitée et victorieuse, foulant le sol qu'elle n'eût plus cru revoir ? Les aventures de Boris Godounow ne sembleront-elles pas bien fades auprès des peintures de la révolution russe, qui demandent plus et mieux encore que le génie d'un Moussorgsky ? Laissera-t-on à la naïve *Brabançonne* la mission de chanter la rentrée du jeune roi Albert parmi les clameurs de la Belgique délivrée? S'il est tombé sous les balles des assassins, cet Albéric Magnard qui signa *l'Ode à la Justice*, qui la récrira, plus ample et plus somptueuse encore, pour saluer la haute Figure idéale qui, blanche et tenant le glaive, plane sur les armées de la croisade? Et dira-t-on encore que tout ce sublime épars n'est que « grandes machines meyerbeeriennes » et ne concerne pas le mandarinat des petits travailleurs de netzukés musicaux, enclins à s'isoler, comme le ciseleur chinois, dans un esquif sur un lac dormant, de peur qu'une vibration ne les trouble?

Oublier Wagner? Je le voudrais, mais je ne puis, car il me hante plus que jamais. Et s'il faut absolument le détester, comme le veut l'insistance chauvine, je ne peux me venger de lui qu'en reprenant tous ses thèmes pour les ramener dans notre camp et les retourner contre l'adversaire comme des canons capturés. L'épée de Siegfried, je l'admire aux mains de nos soldats. Le Walhall qui croule, je le vois outre Rhin. Brunnhilde intacte au milieu des flammes où le jeune porte-glaive la réveille, c'est pour moi la France, vierge guerrière de la rédemption du monde par l'amour, tandis que Fafner, Albérich, Mime, Hagen ou Wotan, parmi des vapeurs empoisonnées, expient dans le trépas, au bord du fleuve sacré que nous allons franchir, le parjure et la soif de l'or. Je vois la rouge silhouette de Verdun, l'imprenable, au fond du décor de la marche funèbre de Siegfried. Toute la sombre poésie épique d'un effort devant lequel l'univers s'extasie, je ne peux encore la demander qu'à cette musique redoutable et farouche. Mais, chez nous, y

aura-t-il quelqu'un pour l'édifier, entendrai-je encore
le bon goût et la mesure alléguer que la musique française doit rester claire, sobre, souriante, et toute
petite, avec un idéal de pantoufle de Cendrillon, pour
chausser le pied divin qui aura écrasé la tête du Monstre?
Eh quoi? Shakespeare est dépassé, et nous en resterions
aux contes de Perrault? Dans notre firmament tra-
versé par tant de foudres, ne verrai-je pas nos Val-
kyries?

Quelque chose a eu lieu qui m'empêche de vous
retrouver tout à fait tels que je vous aimais, Jean-
Sébastien à la carrure de bon géant, tendre Schubert,
douloureux Chopin, Liszt orageux et fantasque, et
toi, Schumann à l'âme brûlante. Vous avez reculé
brusquement dans les limbes. J'attends. Après
l'énorme Bruit, j'attends de discerner la Voix.

Ainsi, du fond des méandres de la *Neuvième* où
murmurent les foules en travail, s'avance peu à peu,
à travers l'orchestre, le chant choral clair et distinct
qu'entonnera tout un peuple. L'entendrai-je, ce qui
sera réellement la musique de l'avenir; celle qui, s'il
le faut, nous refera romantiques, si c'est être romantiques que de nous refaire une âme à la grandeur de
cette épopée? Cette fois, celui qui la prépare, c'est
bien parmi nous, les vainqueurs, qu'il devra naître,
pour ramener d'un seul élan, dans la symphonie,
tous les sujets et tous les sentiments majestueux : et
il posera du même coup les assises d'une musique
renouvelant le cycle de Beethoven.

S'il vient, ce prédestiné, je ne verrai plus que
très loin derrière moi, dans d'insondables brouillards,
les maîtres que j'ai adorés. Ils me sembleront

seulement alors morts réellement, mes héros de l'orchestre, mes confidents de la sonate, du quatuor et du lied.

Mais s'il ne vient pas? Alors, désorienté dans un monde sans voix, toutes les musiques que j'écouterai auront pour moi ces grâces défuntes que je ne leur trouvais pas encore. Et c'est peut-être ce pressentiment qui me les fait paraître changées : entre elles et moi, trop de mort à passé pour que je ne mette pas tout ce qui me reste d'espoir dans un miracle capable de refaire, une fois encore, la musique plus grande que la vie....

Mon Dieu, ou toi, Force Inconnue, devant la foule exauce notre désir d'artistes sincères : qu'elle comprenne ce que nous voulons ! Que l'art, distinct de l'ambition et de l'argent, ne soit plus l'ornement de l'esprit sur la misère du cœur ; mais qu'il soit la plus grande pitié, et l'image de ce qu'il y a de beau dans tout homme, afin que chacun, après les épreuves terribles que nous venons de connaître, retrouve la foi dans la race qui l'incarne ! Que l'art revienne au sol qui l'engendra et soit l'œuvre de mains pauvres et pures, comme il le fut jadis au temps des grands anonymes et des grands héros dont nous vénérons les noms ! Que notre temps soit aimé, que la volonté de l'humanité en travail soit écoutée avec amour ! Que de nous s'écarte le démon de la suffisance ! Que le respect des morts soit notre pain, que l'espoir de servir soit notre vin : et qu'au seuil du temps nouveau nous mourions, si cela est nécessaire, pourvu que l'art survive, et qu'il soit pour ceux qui viennent, comme pour nous qui nous en allons, la plus haute forme du bien que l'homme doit à l'homme !

TABLE

Pages

FIGURES

En écoutant la Neuvième 3
Sur la Messe en ré majeur (Beethoven et Michel-
    Ange). 13
En marge de J. S. Bach 21
A travers la vie de Gluck, musicien tchèque. . 29
Devant la tombe de Schumann 55
Devant la tombe de Liszt 67
Une causerie sur Chopin. 76
Devant la tombe de Chopin 94
A Paderewski (printemps 1919). 101
Dessin de carnet d'après Eugène Ysaye. . . . 107
Devant la tombe de Pugno. 110
Karsavina et Mallarmé. 116

ÉMOTIONS

Pour l'amour de la Fée. 127
La musique et le cœur du peuple 135
Images de concerts. 144
La musique et la douleur 151

	Pages
Analogies, pressentiments.	160
De l'interprétation en musique	170
Le concert disloqué.	180
Le concert et la neige	190
L'incantation du souvenir.	196
De Werther à Tristan	202
Wagner après la guerre	211
La musique et notre vie	219

———

IMPRIMERIE CENTRALE DE L'OUEST

56-60, Rue Maréchal-Pétain, 56-60

LA ROCHE-SUR-YON

(VENDÉE)

———

RÉD. : 18

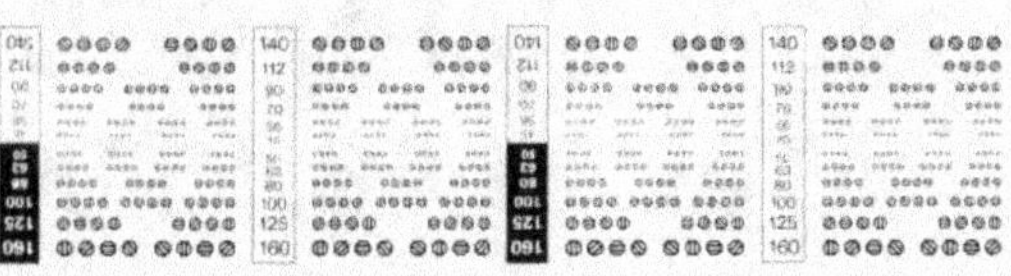

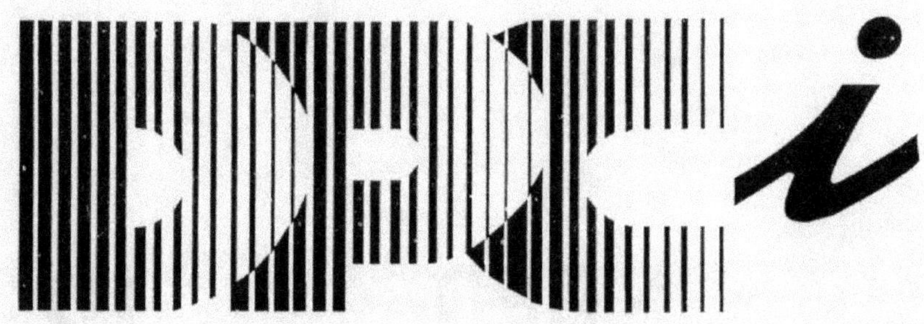

15, rue Jean-Baptiste Colbert
ZI Caen Nord - BP 6042
14062 CAEN CEDEX
Tél. 31.46.15.00
RCS Caen B 352491922

MIRE ISO N° 1
NF Z 43-007
AFNOR
Cedex 7 - 92080 PARIS-LA-DÉFENSE

cm 0 1 2 3 4 5 6 7 8 9 10

Film exécuté en 1993